板書&指導案で
よくわかる！

中学校 **3** 年の

道徳授業

35時間のすべて

柴原弘志 編著

明治図書

はじめに

　いよいよ，中学校においても教科書を使用した「特別の教科　道徳」（以下，道徳科）の全面実施による取り組みが展開されます。今後求められている道徳科の授業や評価に対して不安やとまどい・悩みを抱えておられる学校や先生方もおられるのではないでしょうか。本書では，そうした学校や先生方の一助になればと考え，年間35時間の道徳科の授業で使用される教科書の教材をもとに，具体的な学習指導と評価の考え方を学習指導過程・板書及び評価記述の文例と共に掲載させていただきました。多くの方々にご活用いただけることを願っています。

　さてここでは，道徳科において求められている「考え，議論する道徳」について，あらためてその趣旨を確認させていただきたいと思います。これまでも，「考える道徳」の授業に取り組まれてきた先生方は多いと思います。逆に「考えない道徳」の授業をイメージすることの方が難しいはずです。また，通常の道徳授業では，生徒による意見等の交流が行われることも一般的なことではないでしょうか。道徳科において，ことさらに「考え，議論する道徳」の授業が求められている理由は，いったいどこにあるのでしょうか。道徳科の授業づくりや評価の在り方を考えるうえでも，非常に重要な部分ですので確認しておきましょう。

　「幼稚園，小学校，中学校，高等学校及び特別支援学校の学習指導要領等の改善及び必要な方策等について（答申）」（平成28年12月21日）では，「考え，議論する道徳」について，次のように説明しています。

> 　多様な価値観の，時には対立がある場合を含めて，誠実にそれらの価値に向き合い，道徳としての問題を考え続ける姿勢こそ道徳教育で養うべき基本的資質であるという認識に立ち，発達の段階に応じ，答えが一つではない道徳的な課題を一人一人の児童生徒が自分自身の問題と捉え，向き合う

という「考え，議論する道徳」へと転換を図らなければならないとしています。特に「単なる生活経験の話合いや読み物の登場人物の心情の読み取りのみに偏った形式的な指導」からの転換を求めています。これまでの授業において，はたして生徒が，ここでいうところの「自分自身の問題と捉え，向き合う」ことのできるような，いわば「自分事として」考えを深めることのできる授業になっていたかどうかについては，必ずしも十分なものとはいえないのではないでしょうか。また，話し合いの中で「議論する道徳」にまったく取り組んでこなかったということもないでしょうが，それとて，お互いの考えた内容が単に告げられる程度であって，「多様な価値観の，時には対立がある」ような場面設定での意見のからみ合いといったものなどはない，ある意味一面的で深みのない授業で終わってしまっていることはなかったでしょうか。

　授業の中で「議論になる」ということは，前提としてその場に，生徒個々にとって自分とは異なる感じ方・考え方や価値観が存在しているということです。そこでは，必然的に他の人は

なぜそのように考えるのだろうという疑問をもつこととなります。すなわち，生徒一人ひとりに，「疑問」という「問い」が立つということです。授業における発問は，基本的には指導者から発せられるものですが，ここには自らの「疑問」という主体的な「問い」が，一人ひとりの生徒自身に立っているということです。そして，その「疑問」を解決しようと，自ら対話を求めようとしているということです。まさに，ここには今日求められている「主体的・対話的で深い学び」へとつながる可能性が見出されるのです。こうした「考え，議論する道徳」が提起している授業の具体像を正しく捉え，これまでの授業と比較検討することから，よりよい授業づくりへの取り組みを進めることが大切です。

学習指導要領の「第3　指導計画の作成と内容の取扱い」には，

> 生徒が多様な感じ方や考え方に接する中で，考えを深め，判断し，表現する力などを育むことができるよう，自分の考えを基に討論したり書いたりするなどの言語活動を充実すること。その際，様々な価値観について多面的・多角的な視点から振り返って考える機会を設けるとともに，生徒が多様な見方や考え方に接しながら，更に新しい見方や考え方を生み出していくことができるよう留意すること　　　　　　　　　（下線：筆者）

と示されています。以上の下線を付した部分は，まさに「考え，議論する道徳」と関連の深い内容です。こうして見てくると，「考え，議論する道徳」は「道徳科」の基本的な学習活動の１つの姿を示しているといえるでしょう。「考え，議論する道徳」は，あくまでも道徳科の特質を正しく踏まえる限りにおいて，今日求められている「主体的・対話的で深い学び」へと道徳科の授業を導くための，１つの方途となるものでもあるのです。

ただし，「議論する」ということを意識するあまり，まず「道徳的諸価値についての理解を基に，自己を見つめ」自問・内省し考えるといった学習活動がおろそかになってはいけません。「議論」の前に，しっかりとした道徳科における「一人学び」・「個人ワーク」が為されてこその「議論」によって，その学びはより深いものへと導かれるのです。また，道徳性の諸様相としては道徳的判断力・心情・実践意欲と態度が考えられており，「考え，議論する道徳」に加えて「豊かに感じ取れる道徳」「実践意欲の高まる道徳」を意識した授業づくりも，これまでと同様に大切にされなければなりません。すなわち，年間35時間の授業をすべて「議論する」ものにしなくてはならないということではないことに留意して取り組みたいものです。

最後になりましたが，本書の執筆にご尽力いただきました先生方に対し，心より御礼申し上げます。本書が，多くの皆様方にご活用いただき，我が国の道徳教育充実に少しでも寄与するものとなることを心より願うところです。

平成31年3月

柴原　弘志

本書の使い方

●掲載教科書

取り上げている教材が,どの教科書に掲載されているかを示しています。黒く色が塗られているものが掲載している教科書です。

※教科書によって,同じ教材でも場面設定等が異なる場合がございます。そのため,本書で取り上げたあらすじや展開例と部分的に異なる場合がございます。また,教材名が各社によって異なる場合,掲載教科書として表示されていない場合がございます。ご了承ください。

●授業づくり・評価のポイント

「特別の教科　道徳」のポイントである,「考え,議論する道徳」にするための手立てや,授業改善のための評価のポイントが明確にわかります。

●本時の流れ・中心発問（主発問）

中心発問（主発問）にあたるものは,二重線で示してあります。

●準備物
本時の準備物を示しています。

●板書例
本時の板書例を示しています。
記す内容や書き方がわかります。

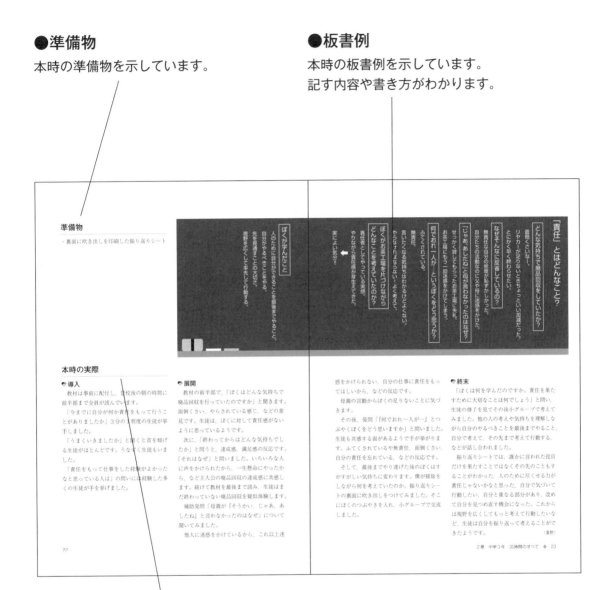

●本時の実際
1時間の展開例が明確にわかります。生徒の反応や授業のポイントを示しています。

本書の使い方

CONTENTS

はじめに
本書の使い方

1章 道徳科 授業づくりのポイント

道徳科の授業づくりの基本 …10
道徳科における学びの方法知を意識させる授業づくり …12
多様な指導方法による授業づくり …14
道徳科における生徒の学習状況等に関する評価のポイント …16
道徳科における学習指導案と板書のポイント …18

2章 中学3年 35時間のすべて

廃品回収で学んだこと	(1)自主,自律,自由と責任	…20
ある日の午後から	(1)自主,自律,自由と責任	…24
独りを慎む	(2)節度,節制	…28
スマホに夢中!	(2)節度,節制	…32
ぼくにもこんな「よいところ」がある	(3)向上心,個性の伸長	…36
片足のアルペンスキーヤー・三澤拓	(4)希望と勇気,克己と強い意志	…40
銀メダルから得たもの	(4)希望と勇気,克己と強い意志	…44
湖の伝説	(5)真理の探究,創造	…48
背番号10	(6)思いやり,感謝	…52
月明かりで見送った夜汽車	(6)思いやり,感謝	…56
言葉おしみ	(7)礼儀	…60
ゴリラのまねをした彼女を好きになった	(8)友情,信頼	…64

違うんだよ，健司	(8)友情，信頼…68
合格通知	(8)友情，信頼…72
恩讐の彼方に	(9)相互理解，寛容…76
二通の手紙	(10)遵法精神，公徳心…80
闇の中の炎	(10)遵法精神，公徳心…84
卒業文集最後の二行	(11)公正，公平，社会正義…88
伝えたいことがある	(11)公正，公平，社会正義…92
ぼくの物語　あなたの物語	(11)公正，公平，社会正義…96
鳩が飛び立つ日〜石井筆子〜	(12)社会参画，公共の精神…100
あるレジ打ちの女性	(13)勤労…104
一冊のノート	(14)家族愛，家庭生活の充実…108
明かりの下の燭台	(15)よりよい学校生活，集団生活の充実…112
島唄の心を伝えたい	(16)郷土の伝統と文化の尊重，郷土を愛する態度…116
父は能楽師	(17)我が国の伝統と文化の尊重，国を愛する態度…120
海と空－樫野の人々－	(18)国際理解，国際貢献…124
ドナー	(19)生命の尊さ…128
くちびるに歌をもて	(19)生命の尊さ…132
命の選択	(19)生命の尊さ…136
サルも人も愛した写真家	(20)自然愛護…140
ほっちゃれ	(21)感動，畏敬の念…144
二人の弟子	(22)よりよく生きる喜び…148
カーテンの向こう	(22)よりよく生きる喜び…152
風に立つライオン	(22)よりよく生きる喜び…156

3章 中学3年　通知表の記入文例集

1学期の記入文例	Aの視点にかかわる文例	…162
1学期の記入文例	Bの視点にかかわる文例	…163
1学期の記入文例	Cの視点にかかわる文例	…164
1学期の記入文例	Dの視点にかかわる文例	…165
2学期の記入文例	Aの視点にかかわる文例	…166
2学期の記入文例	Bの視点にかかわる文例	…167
2学期の記入文例	Cの視点にかかわる文例	…168
2学期の記入文例	Dの視点にかかわる文例	…169
3学期の記入文例	Aの視点にかかわる文例	…170
3学期の記入文例	Bの視点にかかわる文例	…171
3学期の記入文例	Cの視点にかかわる文例	…172
3学期の記入文例	Dの視点にかかわる文例	…173

1章 道徳科授業づくりのポイント

道徳科の授業づくりの基本

道徳科の本質・特質から考える授業づくり

　道徳科における授業づくりを考えるうえで最も大切なことは，目の前の生徒の実態に即して，道徳科の目標やそれぞれの時間のねらいの実現に効果的な授業を設計するということです。私は立場上，先生方から授業で十分な手ごたえが感じられないといった相談を受けることがあります。そうした相談の中には，具体的な方法論にばかりとらわれて，道徳科の授業の本質や特質を踏まえていないがために，結果的に十分な生徒の反応や思考の深まりが感じられない授業となってしまっているケースが多いように思います。

　「解説」では，「特別の教科　道徳」の「内容」について，「教師と生徒が人間としてのよりよい生き方を求め，共に考え，共に語り合い，その実行に努めるための共通の課題である」と説明しています。こうした「内容」の捉え方は，「道徳の時間」が特設された昭和33年（1958年）以来一貫したものとなっており，重要なことなのです。すなわち，道徳の授業では，その時間のねらいに含まれる「道徳的価値」及びそれに関わる諸事象について，教師も，あらためて生徒と「共に考え」「共に語り合う」ことが求められているということです。例えば，ある道徳科の授業で「友情」に関わることが扱われたとすると，教師自らも，自分にとっての友とはどういった存在であり，どのような関係をもってきたのかといったことを考えながら授業づくりをすることが大切なのです。そうすることで，その授業がよりリアリティのあるものにもなり，生徒の反応に対する予測もより豊かなものとなり，効果的な教材分析や発問等の工夫が可能となるのです。

　ここで，注目すべきは「話し合う」という表現ではなく「語り合う」と示されていることです。「語る」は言偏に「吾」と書きますが，「吾」を言葉化すると捉えてみてはいかがでしょう。ある教材の中に描かれた状況での登場人物を自分に置き換えて，その時の考えや行動を自分事として考え，その内容を言葉にして交流し合う。そうした学習活動が求められているということです。仮に「登場人物は，どんなことを考えたのでしょう」という発問であったとしても，その答えは，教材のどこにも示されていません。生徒一人ひとりは，これまでの自分自身の体験などを思い起こしながら，登場人物と同じ状況で自分はどんなことを考えるだろうかと，「自分が自分に自分を問う」ことでしか答えが見出されないのです。答えは自分の中にしかなく，自分自身と対話するしかないのです。すなわち，「自己内対話」が求められているのです。道徳科における発問では，主体的かつ対話的な学びとなる「自己内対話」を必要とする「自分が自分に自分を問う」ことのできる問いを工夫することが求められているのです。

道徳科における「評価の観点」から考える授業づくり

道徳科の授業づくりを考えるうえで、その基本として最も重要なことは、

> よりよく生きるための基盤となる道徳性を養うため、道徳的諸価値についての理解を基に、自己を見つめ、物事を広い視野から多面的・多角的に考え、人間としての生き方についての考えを深める学習を通して、道徳的な判断力、心情、実践意欲と態度を育てる

という「道徳科の目標」の趣旨・内容を正しく理解し授業を設計するということです。このことに関して、「解説」には道徳科の授業に対する評価の観点例が以下のように示されています。

【学習指導過程や指導方法に関する評価の観点例】

①学習指導過程は、道徳科の特質を生かし、道徳的価値の理解を基に自己を見つめ、人間としての生き方について考えを深められるよう適切に構成されていたか。また、指導の手立てはねらいに即した適切なものとなっていたか

②発問は、生徒が広い視野から多面的・多角的に考えることができる問い、道徳的価値を自分のこととして捉えることができる問いなど、指導の意図に基づいて的確になされていたか

③生徒の発言を傾聴して受け止め、発問に対する生徒の発言などの反応を、適切に指導に生かしていたか

④自分自身との関わりで、物事を広い視野から多面的・多角的に考えさせるための、教材や教具の活用は適切であったか

⑤ねらいとする道徳的価値についての理解を深めるための指導方法は、生徒の実態や発達の段階にふさわしいものであったか

⑥特に配慮を要する生徒に適切に対応していたか

以上のような観点から授業づくりを考えることが大切です。ここでは、生徒の発言等がより効果的に生かされる授業となるよう、③に示されている観点について確認しておきたいと思います。

観点③では、生徒の発言を「聞いて受け止め」ではなく「傾聴して受け止め」とあり、「聴く」姿勢を大切にすることを求めています。「聴」の字の成り立ちは耳偏に「直」の下に「心」と書きます。相手の心に耳を直接当てて、その真意・本音、声なき声まで聴き取ろうということでしょうか。教師の期待している言葉ではなく、生徒一人ひとりの真意・本音を生徒自身にも自覚できるように聴き取ろうとする工夫が求められています。そして生徒の発言や記述内容から、さらに深く考えることのできる授業づくりが求められているのです。そのためには、生徒の発言等に対して、確認（立場・対象）、根拠や具体例、言い換え、本音等を求める重層的発問（問い返し・切り返し）が効果的です。

道徳科における学びの方法知を意識させる授業づくり

道徳科における「評価の視点」から考える授業づくり

　「解説」には道徳科における生徒に対する評価の視点例が以下のように示されています。
【学習状況等に関する評価の視点例】
◆一面的な見方から多面的・多角的な見方へと発展しているか
①道徳的価値に関わる問題に対する判断の根拠やそのときの心情を様々な視点から捉え考えようとしているか
②自分と違う立場や感じ方，考え方を理解しようとしているか
③複数の道徳的価値の対立が生じる場面において取り得る行動を広い視野から多面的・多角的に考えようとしているか
◆道徳的価値の理解を自分自身との関わりの中で深めているか
④読み物教材の登場人物を自分に置き換えて考え，自分なりに具体的にイメージして理解しようとしているか
⑤現在の自分自身を振り返り，自らの行動や考えを見直しているか
⑥道徳的な問題に対して自己の取り得る行動を他者と議論する中で，道徳的価値の理解を更に深めているか
⑦道徳的価値を実現することの難しさを自分のこととして捉え，考えようとしているか
　ここに示されているのは，道徳科における生徒の学習状況等に関する評価の視点例でありますが，これは，道徳科の授業づくりへの重要な観点ともなることを確認しておきましょう。
　ここに示された生徒の学習状況等に関する評価の視点は，道徳科の授業において生徒に求めている学びの姿を示したものとなっています。従って，そうした学びの姿となるような学習活動を設計することが教師には求められていることになります。例えば，「道徳的価値に関わる問題に対する判断の根拠やその時の心情を様々な視点から捉え考えることができる学習活動が適切に設定されていたか」「読み物教材の登場人物を自分に置き換えて考えることができるような問いが工夫されていたか」等々，「評価の視点」の文末を少し変えることによって，それらは授業づくりにも生かされる具体的な「評価の観点」ともなり得るものなのです。

道徳科における学び方を生徒に意識させる取り組み

　学習状況等に関する「評価の視点」を，教師だけが意識しているだけでは，道徳科の授業を

より質の高いものにしていくことは難しいでしょう。道徳科に求められている学び方，いわゆる方法知を生徒自身に獲得させていくことが大切です。そのためには，授業中に「評価の視点」に例示されている学びの姿が見て取れた時には，「自分の身近な体験から考えられたね」「他の人の意見と比較しながら発言できたね」「自分のこれからの生き方についても記述できたね」といった「評価語」を大いに生徒に発することが重要となります。誰かに発せられた「評価語」の蓄積は，やがて生徒全員に道徳科における学びの方法知として身につくことでしょう。また，授業でのワークシートや道徳ノートへの記述内容に対して，上記のような「評価語」を記入する実践はこれまでもありました。最近では，「自分の体験・経験を踏まえた記述」部分に一本線，「他の人の意見等にふれている記述」部分に波線，「自分の考えの変化やこれからの生き方にふれている記述」部分に二重線を付して，生徒に返却するといった実践も見られるようになってきました。

　道徳科の授業でも，そこで求められる内容知に加え，どのように学ぶことが求められているのかという方法知を生徒一人ひとりが学んでいけるようにしたいものです。あらためて考えてみますと，生徒の成長やその努力を認め，励まし，勇気づけ，さらなる意欲の向上につながる評価の機会は，年に1回〜3回の通知表等による評価に比べて，上記のような取り組みにおける評価の方がはるかに多いのです。また，そうした「評価語」を意識した道徳科授業での取り組みは，教師自身の授業づくりのスキルアップや今日求められている通知表等への個人内評価としての記述評価をより確かなものにしていくことにつながるのではないでしょうか。

　以下に，実践例を紹介します。

【振り返りシートの項目例・自己評価例（あくまでも生徒の学習活動）】
・登場人物を通して自分が考えた内容を発表することができたか
・発言している人の考えを自分と比べて聴き，理解しようとすることができたか
・他の人の発言に関連させて自分の考えに理由をつけるなどして，くわしく語ることができたか
・自分の生活や生き方について考えることができたか

【「考える」・「語る」・「記述する」ポイントを意識しましょう‼】
　次のような観点を意識しましょう‼（小中一貫教育の視点から，学年段階に応じた項目を順次増やし，下記を系統的に学級に掲示する）

・めあて・学習課題に
・登場人物と自分を重ねたり，比較したりしたことに
・根拠・理由や具体例に　　　　　　　　　　　　　　　　｝ふれながら
・自分の考えなどの変化や他の人の考えなどに
・自分のこれまでの生き方やこれからの生き方に

多様な指導方法による授業づくり

道徳科における「問題解決的な学習」

　平成27年3月に告示された一部改正学習指導要領の「第3章　特別の教科　道徳」の「第3　指導計画の作成と内容の取扱い」の中に，道徳科において，道徳の内容を指導するに当たっての配慮事項の1つとして，「問題解決的な学習」を取り入れるなどの指導方法を工夫することが新たに規定されました。

> 　道徳科における問題解決的な学習とは，生徒一人一人が生きる上で出会う様々な道徳上の問題や課題を多面的・多角的に考え，主体的に判断し実行し，よりよく生きていくための資質・能力を養う学習である

と「解説」では説明しています。
　また，「道徳教育に係る評価等の在り方に関する専門家会議」の「報告」の中でも道徳科における「問題解決的な学習」の特長に関して，次のように説明しています。
　「問題場面について児童生徒自身の考えの根拠を問う発問や，問題場面を実際の自分に当てはめて考えてみることを促す発問，問題場面における道徳的価値の意味を考えさせる発問などによって，道徳的価値を実現するための資質・能力を養うことができる」
　さて，道徳科における「問題解決的な学習」で取り上げられる「問題」とは，誰にとってのどのような「問題」であるべきなのでしょうか。それは，どのような「解決」の在り方が求められている「学習」なのでしょうか。そして，その「学習」のそもそもの目的は何なのかといった点から整理すると，道徳科における「問題解決的な学習」の具備すべき基本的要件は，以下のように考えられます。

> ①道徳的価値が介在している道徳的（道徳上の）問題であること
> ②自己の問題として捉え，主体的に考えられる問題であること
> ③道徳的価値との関連から，その問題の解決が目指される学習であること
> ④道徳科の目標及びそれぞれの時間のねらいの実現に資する学習であること

　道徳科における「問題解決的な学習」で扱われる問題は，あくまでも道徳的（道徳上の）問題でなくてはなりません。すなわち，善悪が問われるという問題です。言い換えるならば，道

徳的価値が何らかのかたちで介在している問題ということです。厳密にいえば，それぞれの道徳科の時間のねらいに含まれる道徳的価値が介在している問題ということになります。

また，道徳科における「問題解決的な学習」で扱われる問題は，自分自身の問題として十分に意識され，自分のこととして考えられる問題でなくてはなりません。また，多面的・多角的に考えられる問題であり，対話的な学びに供することができる問題であることも大切です。そして，人間としての自己の生き方についての考えを深める学習となり，その道徳科の時間のねらいの実現に効果があり，道徳性の育成に資する学習となることが求められるのです。

「報告」においては，道徳科における「問題解決的な学習」での問題の態様として，次のようなものを一部提示しています。

---
①道徳的諸価値が実現されていないことに起因する問題
②道徳的諸価値について理解が不十分又は誤解していることから生じる問題
③道徳的諸価値のことは理解しているが，それを実現しようとする自分とそうできない自分との葛藤から生じる問題
④複数の道徳的価値の間の対立から生じる問題

身近な問題や現代的な課題，あるいは教材等の中に描かれた上記①～④のような問題について，あくまでも道徳的価値との関連からその解決について考えさせる学習活動を，今後ともより効果的なものへと工夫・改善したいものです。

なお，平成28年12月21日に示された「中央教育審議会答申」の中では，道徳科における「問題解決的な学習」は，「様々な道徳的諸価値に関わる問題や課題を主体的に解決する学習」というように，より具体的かつ明確な説明を冠した学習活動名として紹介されています。

道徳科において「問題解決的な学習」に取り組むうえで留意すべきこと

前述の道徳科における「問題解決的な学習」の具備すべき基本的要件は，①～④までのどれか1つでも欠ける学習は，道徳科における「問題解決的な学習」とはなり得ないということを確認しておきましょう。なぜならば，道徳科における「問題解決的な学習」は，そもそもそれ自体が目的化されるべきものではなく，あくまでも道徳科の目標及びそれぞれの時間のねらいの実現に効果的な学習方法となり得るものの1つであるということです。学習指導要領の「問題解決的な学習」について規定している部分では，留意すべき事柄として「指導のねらいに即して」「適切に取り入れる」と繰り返し押さえられていることを確認しておきます。ただし，必要以上に抑制的になることもありません。

道徳科における生徒の学習状況等に関する評価のポイント

道徳科における評価の視点と方法及び記述文例

　道徳科における評価に当たっては，学習活動に着目し，年間や学期といった一定の時間的なまとまりの中で，生徒の学習状況や道徳性に係る成長の様子を把握し評価することが求められています。「解説」に示されたその評価の大きな視点例と方法例を整理すると，次の通りです。なお，あえて評価の「観点」といわずに「視点」として示されています。このことからも，道徳科においては観点別評価はなじまないということが意識できるとよいでしょう。

【学習状況等に関する評価の視点例】
　学習活動において生徒が道徳的価値やそれらに関わる諸事象について他者の考え方や議論に触れ，自律的に思考する中で，
◆一面的な見方から多面的・多角的な見方へと発展しているか
◆道徳的価値の理解を自分自身との関わりの中で深めているか（具体的な視点例は12ページ参照）

【方法例】
　評価の基本的な方法は観察と言語分析です。従って，個人内評価を記述で行うに当たっては，その学習活動を踏まえ，発達障害等のある生徒や海外から帰国した生徒，日本語習得に困難のある生徒等を含め，発言が多くなかったり，記述することが苦手であったりする生徒もおり，発言や記述ではないかたちで表出する生徒の姿に着目することも重要です。
　そうした観察や生徒のペアワーク・グループワークや全体での発言，道徳的行為に関する体験的な学習（動作化や役割演技等）での表現，作文やノート，ワークシートなどへの記述を生かすことに加え，質問紙や授業後の個別面談（全体の場ではあまり表現できない生徒等には有効）などによる方法を工夫することも考えられます。

【評価の記述文例】「評価の視点」を踏まえた学習状況中心の内容＋その具体的様子の記述

> 　話し合い活動では，積極的に自分の考えを述べるだけではなく，友達の多様な意見を参考にして，自分の生き方についての考えを深められるようになりました。（学習状況中心）

> 　登場人物の迷いや悩みを自分のことのように捉え，そうした場ではどのように判断するのがよいことなのかを根拠に基づいて考えられるようになりました。　　（学習状況中心）

> 　特に「銀色のシャープペンシル」の学習では，主人公のとった行動の中に，自分との共通部分を見出し，自分のこととして捉えるとともに，共感的に人間理解を深めるも，そのことをよしとしない自分に気づき，「自分自身に恥じない誇りある生き方をしたい」という思いをもつことができました。

> 　教材の中の登場人物の生き方から，気高く生きることを自問自答する姿が見られ，学年末には「自分自身に恥じない誇りをもてることが大切だ」と記述するまでになりました。

> 　特に「真の友情」について考えた学習では，みんなの意見を参考にしながら深く考え，仲良しだけの関係ではなく，互いを高め合い成長できる関係であるという理解を深め，これからはそうした友達関係をつくっていこうとする発言や記述が見られるようになりました。

> 　「主として人との関わりに関すること」の学習では，体験をもとに自分を深く見つめ，自分とは異なる意見からも学ぼうとする意識をもち，特に相手のことを思いやることの大切さの理解を深め，謙虚な心で相手を認め，尊重していこうとする記述が見られました。

　通知表等への記述評価は，前提として生徒や保護者に理解できる内容であるとともに道徳科における評価の趣旨を実現できる評価でなくてはなりません。一般的には「～の学習活動への～といった取り組み状況のもと，多様な感じ方や考え方の交流を通して，～の観点から～に気づき，～という考え（理解・心情）を深めるとともに，～への憧れを強め，～しようとする発言・記述が見られました」等々の表現が考えられます。今後とも各学校での実践研究の蓄積とその成果を共有化していくことが大切です。また，道徳科においては生徒が「自己を見つめ」「広い視野から多面的・多角的に」考える学習活動の中で，その時間のねらいに含まれる「道徳的価値の理解」と「人間としての生き方についての考え」を相互に関連づけることによって，より深い理解や考えとなっていきます。こうした生徒一人ひとりの学習の姿を把握していくことが，学習状況に着目した評価となります。通知表等への記述評価もさることながら，授業中の発言やワークシート等への記述内容に対する「評価の視点」を踏まえた「評価語」が日常的に生徒に発せられることの方が，その成長を認め励まし，学びの方法知を意識させる機会としては多いことを忘れてはなりません。

道徳科における学習指導案と板書のポイント

【学習指導案のポイント】
　道徳科における学習指導案とは，年間指導計画に位置づけられた主題に関する学習指導について，生徒や学級の実態に即して，それぞれの時間のねらいの実現に向け，どういったことを，どのような順序，方法，学習活動を通して学ばせ，指導，評価していくのかといった構想を一定の形式で表現したものです。学習指導案の形式に特に決まった基準というものはありませんが，一般的には以下のような内容について示されています。

「主題名」「教材名」：年間指導計画に示された主題名にあわせて内容項目番号（例：C－(17)）を明示することもあります。活用する教材名を記述します。

「ねらい」：本時の学習を通して，生徒に考えさせたり，理解を深めさせたりしながら，人間としての生き方についての考えを深めさせようとするねらいを記述します。
　道徳科授業での思考の深まりを考える時，ねらいの具体化，明確化が重要となります。例えば「友情の大切さを理解し」といったどの授業でも通用するような漠然としたねらいではなく，「互いに励まし合い，高め合うといった友情の大切さを理解し」というように，特にこの時間で理解を深めさせたい内容を具体的に示すとよいでしょう。

「主題設定の理由」：①主題観（ねらいや指導内容についての教師の捉え），②生徒観（指導内容に関する生徒のこれまでの学習状況や実態），③教材観（教材の特質，活用意図，具体的な活用方法等），④指導観（指導の具体的な方法を含む方向性等）として示されることが多いようです。なお，本書では「教材のあらすじと活用ポイント」及び「『特別の教科　道徳』の授業づくりのポイント」において記述しています。

「学習指導過程」（本書では「本時の流れ」）：「導入・展開・終末」に区分されることが一般的です。その中でも，最も重要となるものが発問です。しっかりと自己が見つめられ，自分事として考えられるような発問や，多面的・多角的に考えることのできる発問を工夫したいものです。そのためには，「自分が自分に自分を問う」といった自己内対話に導く発問や，多様な感じ方・考え方・価値観等が交流できる発問を意識することが大切です。

「評価」：生徒に対する評価と授業に対する評価を意識して，その評価方法とともに記述します。

【板書のポイント】（学習指導案と板書内容は，小・中学校間で共有化されることも大切）
　生徒の学習を支え，思考を深めることのできる板書を工夫したいものです。問いが継続的に明示され，発言等のポイントが文字化され，比較検討されるべき内容が構造的に示されることによって，より深い思考が可能となるのです。また，本時の「振り返り」がより重要とされる道徳科の授業において，板書内容は「振り返り」の重要な手がかりとなるものです。　　　（柴原）

2章

中学3年 35時間の すべて

▶ 内容項目：A−(1)自主，自律，自由と責任

廃品回収で学んだこと
「責任」を考える

掲載教科書：東書／学図／教出／光村／日文／学研／あかつき／日科

ねらい
社会の一員として，自分や社会に対して常に誠実でなければならないことを自覚し，自ら考え，誠実に実行し，その行為の結果に責任をもつことの大切さについて考えを深める。

教材のあらすじと活用ポイント

　ぼく（作者）は多くの生徒会活動等で行われている廃品回収の責任者です。ぼくの仕事に対する甘い考えや，面倒くさいという気持ちから，廃品回収は多くの人に迷惑をかけ，協力してもらうことになってしまいます。その都度反省するのですが，その先，その先にまだ問題があることを周囲から気づかされます。教材を前半と後半に分けて提示し，ぼくが「ほかの人はどうあれ，自分がやらなければいけなかった」と気づくまでの過程に注目し，責任をもつこととはどんなことなのかを，話し合いながら考えさせたい教材です。

「特別の教科　道徳」の授業づくりのポイント

　本教材を通して，ぼくの心情を共感的に受けとめたり，それは甘いのではないかとその未熟さに気づいたりする生徒や自分にも覚えがある生徒もいます。ここでは，これでいいのか，なぜいけないのかを問いながら葛藤場面を設定します。ぼくが最後の仕事を終えて，自分に欠けていたことは何だったのかと考え始める場面で自己内対話を促し，意見交流を行います。生徒が，ああそうだったのかという気づきや様々な経験や考えを引き出すことで，責任を果たすことの大切さを理解します。生徒の様子を観察しながら，小グループで対話する場面を設定します。

評価のポイント

　自分の責任について自覚を深め，誠実に実行することや，自分で考えて行動することの大切さを理解し，よりよく生きようとする視点について，自分に取り入れようとする様子が見られる授業になっていたかを評価します。その後，学級全体で共有していくことが望ましいと考えます。

本時の流れ

	○学習活動	●教師の手だて　◇評価　※留意点
導入	○今までに，自分が責任をもってやり遂げた経験を発表する。反対に失敗したり，不安に思っていた経験があったりしたことを発表する。	※教材の前半部は事前に読んでおく。 ●自由な発言を拾う。
	発問　今までに自分が責任をもってやり遂げた経験はありますか。反対にできなかったことはありますか。	
展開	○教材を確認しながら問う。	●教材「この無責任な自分の態度がとてもはずかしく，情けなかった。そして，両親の気持ちをしみじみありがたいと思った」までの場面で考えさせる。
	発問　なぜ，こんなに反省しているのでしょうか。	
	○教材の後半部（翌日～）を読み，ぼくの葛藤に着目する。	
	発問　「何でおれ一人が…」とつぶやくぼくをどう思いますか。	
	○意見交流をする。	●補助発問　母親が「そうかい，じゃああしたね」と言わなかったのはなぜ。
	発問　ぼくがお茶工場の辺りを片づけながら考えたことはどんなことですか。	
	○意見交流をする。	※ワークシートの吹き出しに書き，間をおいて話し合う。
終末	発問　責任を果たすために大切なことは何でしょう。	
	○意見交流をする。	
	発問　今日の授業で考えたこと，思ったことはどんなことですか。	
	○振り返りシートに記入する。	◇筆者が学んだことについて，発表されたことを自分のこととして深めることができたか。

準備物

・裏面に吹き出しを印刷した振り返りシート

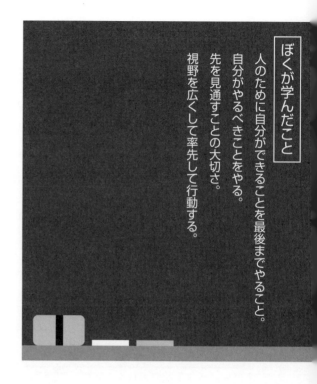

ぼくが学んだこと
人のために自分ができることを最後までやること。
自分がやるべきことをやる。
先を見通すことの大切さ。
視野を広くして率先して行動する。

本時の実際

💭 導入

教材は事前に配付し，登校後の朝の時間に前半部まで全員が読んでいます。

「今までに自分が何か責任をもって行うことがありましたか」3分の1程度の生徒が挙手しました。

「うまくいきましたか」と聞くと首を傾げる生徒がほとんどです。うなずく生徒もいました。

「責任をもって仕事をした経験がよかったなと思っている人は」の問いには経験した多くの生徒が手を挙げました。

💭 展開

教材の前半部で，「ぼくはどんな気持ちで廃品回収を行っていたのですか」と聞きます。面倒くさい，やらされている感じ，などの意見です。生徒は，ぼくに対して責任感がないように思っているようです。

次に，「終わってからはどんな気持ちでしたか」と問うと，達成感，満足感の反応です。「それはなぜ」と問いました。いろいろな人に声をかけられたから，一生懸命にやったから，など主人公の廃品回収の達成感に共感します。続けて教材を最後まで読み，生徒はまだ終わっていない廃品回収を疑似体験します。

補助発問「母親が『そうかい，じゃあ，あしたね』と言わなかったのはなぜ」について聞いてみました。

他人に迷惑をかけているから，これ以上迷

「責任」とはどんなこと?

- どんな気持ちで廃品回収をしていたか?
- 面倒くさいなー。
- リヤカーが足りないときちょっといい加減だった。
- とにかく早く終わらせたい。
- なぜそんなに反省しているの?
- 無責任な自分の態度が恥ずかしかった。
- 自分たちの活動なのに父や母に迷惑をかけた。
- 「じゃあ,あしたね」と母が言わなかったのはなぜ?
- せっかく貸してもらったお茶工場に失礼。お茶工場にもう一回迷惑をかけてしまう。
- 何でおれ一人が…というぼくをどう思うか?
- ふてくされている。
- 無責任。
- 言いたくなる気持ちはわかるけどよくない。やらなければならない!よく考えて。
- ぼくがお茶工場を片づけながらどんなことを考えていたのか?
- 責任者としてやっている実感。やりながら責任感が芽生えてきた。

→ 実によい気分!!

惑をかけられない,自分の仕事に責任をもってほしいから,などの反応です。

母親の言動からぼくの足りないことに気づきます。

その後,発問「『何でおれ一人が…』とつぶやくぼくをどう思いますか」と問いました。生徒も共感する面があるようで手が挙がります。ふてくされているや無責任,面倒くさい,自分の責任を忘れている,などの反応です。

そして,最後までやり遂げた後のぼくはがすがすがしい気持ちに変わります。僕が掃除をしながら何を考えていたのか。振り返りシートの裏面に吹き出しをつけてみました。そこにぼくのつぶやきを入れ,小グループで交流しました。

● 終末

「ぼくは何を学んだのですか。責任を果たすために大切なことは何でしょう」と問い,生徒の様子を見てその後小グループで考えてみました。他の人の考えや気持ちを理解しながら自分のやるべきことを最後までやること,自分で考えて,その先まで考えて行動する,などが話し合われました。

振り返りシートでは,誰かに言われた役目だけを果たすことではなくその先のこともすることがわかった,人のために尽くせる力が責任じゃないかなと思った,自分で気づいて行動したい,自分と重なる部分があり,改めて自分を見つめ直す機会になった。これからは視野を広くしてもっと考えて行動したいなど,生徒は自分を振り返って考えることができたようです。

(重野)

▶ 内容項目：A−(1)自主，自律，自由と責任

ある日の午後から
いじめのない世界へ
（自ら考え，判断し，実行しよう）

掲載教科書：東書／学図／教出／光村／日文／学研／あかつき／日科

ねらい
主人公ひかるの深く考えずに行った行為が他者に大きな影響を与えることに気づき，自ら考え，判断し，実行し，その結果に責任をもとうとする道徳的実践意欲・態度を育てる。

教材のあらすじと活用ポイント

　主人公ひかるは，ある日の昼休み，外に遊びに行こうと誘った沙希に断られます。今まで断られたことがなかったひかるは，沙希の態度が納得いかずもやもやしていました。そして，ひかるは沙希のいないグループにSNSで昼休みのことを伝えてしまいました。その結果，沙希は多くの生徒に責められることになり，暗くなっていきます。一方，ほかのグループのSNSでは沙希が仲間外れにされてかわいそうということも書かれ，事態は混乱してきました。たまたま，その新着メッセージを見た母親は，これはいじめだと涙ぐんで諭しますが，反論するひかるでした。その日の晩，ひかるは自分がみんなに責められている夢を見て飛び起きてしまいます。自分がやったことの重大性にやっと気づくひかるでした。

　ひかるの深く考えずに行った行為がいかに多くの人たちを傷つけ，混乱させるかに気づき，自ら考え，判断し，実行することが大切であることを，深く考えさせたいところです。

「特別の教科　道徳」の授業づくりのポイント

　本教材は，スマホによって，どこでも起こりうる身近な題材を扱った葛藤教材です。生徒みんなが自分のこととして，しっかり考えることが大切です。そして，ひかるの葛藤する場面を通して，生徒の多面的・多角的な考えを引き出し，みんなで共有することが大切です。

評価のポイント

　生徒の記入した振り返りシートから生徒が自分の体験を踏まえて自分のこととして考えていたか。また，他の生徒の発言を聞きながら，自分の考えがさらに深まったり，広まったりしているか。そして，それらが実践意欲につながっていく授業になっていたかを評価します。

本時の流れ

	○学習活動	●教師の手だて ◇評価 ※留意点
導入	○「人間のよさ」について考える。 ○「SNS」について、便利なところ、問題点について考える。	●簡単に投げかけ、深入りはしない。 ●「SNS」と板書する。
展開	○教材を読んで話し合う。 発問　ひかるは、どのような気持ちで「冷たくされたの私だし」と書き込んだのでしょう。 ○意見交流をする。 発問　夢から覚めたひかるは、次の日、家を出るまでにどのようなことを考えたのでしょう。 ○意見交流をする。 発問　いじめをしないために、どのようなことを大切にしていったらいいのでしょう。 ○各班での意見をホワイトボードに示し、黒板に提示した後、クラス全体で意見交流する。	●必要に応じて補助発問する。 ※自分の日常生活を振り返り、体験を踏まえながら考えるようにする。
終末	○本時のまとめをする。 ○この教材を通して感じた、または考えた「人間のよさ」について書く。 ○今日の学習を振り返り、ワークシートに書く。	◇本時を振り返り、生徒の素直なコメントを促し、評価の材料とする。

準備物

- ワークシート
- ホワイトボード
- 水性ペン
- マグネット

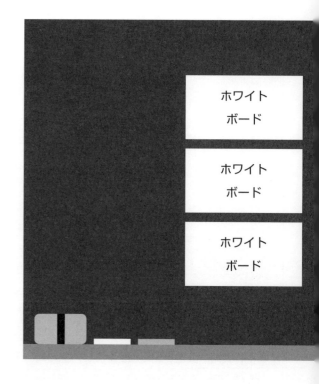

本時の実際

🍀 導入

　授業のはじめに本時の目的を伝えることは授業内容がぶれずにねらいに迫れる効果があるため、授業の最初に「人間のよさ」について考えると伝えました。

　さらに本時の教材の内容は「SNS」が発端としていじめにつながってしまうという内容なので、「SNS」と板書して、どういう便利なところがあるか、どういう問題が考えられるかを聞きましたが、「いつでもメッセージが送れて便利」「メッセージを交換することによって仲間意識がもてる」などのよさの面を出してくれた意見がある反面、「顔が見えないので不安である」「表情が見えず、真意がうまく伝わらず、けんかになりそうになった」などの弊害を体験した生徒の意見も出ました。

🍀 展開

　まず、教材を教師が範読して、簡単にどういう話だったか振り返り、「ひかるは、どのような気持ちで『冷たくされたの私だし』と書き込んだのでしょう」と発問しました。すると、「自分が非難されそうであせった」「自分が間違っているとは認めたくなかった」「まだ、味方してくれる人がいるかどうか試したかった」というような反応がありました。

　次に、「夢から覚めたひかるは、次の日、家を出るまでにどのようなことを考えたのでしょう」と中心とも言える発問をすると、「お母さんも沙希も悲しそうな顔をしていた」「沙希に対してこんなに怒るほどのことではなかったかもと思っていた」「これが本当に私のやりたかったことなのだろうか」というように、ひかるの気持ちが、沙希に対して申

いじめのない世界へ

「ある日の午後から」
SNS～いつでもメッセージを送れる。顔が見えない。

- どのような気持ちで「冷たくされたの私だし」と書き込んだのだろう？
  - 自分が非難されそうであせった。
  - 味方してくれる人がいるか確かめたかった。

- 次の日、家を出るまでにどんなことを考えたのだろう？

ひかる
- 自分は沙希をどうしたいんだろう。
- 自分は悪くないはずなのに、何でこんなにドキドキするんだろう。

沙希
- 沙希に対してこんなに怒るほどのことじゃなかったかも。
- お母さんも沙希も悲しそうな顔をしていた。

母
- これが本当に自分のやりたいことだったんだろうか。

- いじめをしないために、どのようなことを大切にしたらいいのだろう？

し訳ないという気持ちに変わった反応が出てきました。さらに、補助発問として「お母さんも沙希もなぜこんなに悲しい顔をしているのでしょう」と問いかけると、沙希を知らず知らずのうちに傷つけて（いじめをして）しまったことに対してという反応が出てきました。

そしていじめをしないために、どのようなことを大切にしていったらよいか、4人の班で話し合いました。生徒は、活発に意見を出し合っていました。そして、それぞれの班で話し合ったことをホワイトボードに書き、それをもとに発表し、クラス全体で共有しました。

● 終末

終末では、生徒が各グループで話し合った「いじめをしないために、どのようなことを大切にしていったらいいのだろう」に対する意見が書かれたホワイトボードをもとに、いじめは日常、何気ないことから起こってしまうこと。そして、SNSの怖さも再度確認しました。

そして、最後に本時を振り返り、今日の授業で思ったこと、考えたこと、学んだことなどをワークシートに書かせて、授業を終了しました。

（鴨井）

▶内容項目：A−（2）節度，節制

掲載教科書：東書／学図／教出／光村／日文／学研／あかつき／日科

独りを慎む
節度を守り節制を心がけ，安全で調和のある生活に努めよう

ねらい
作者の内省や意見を参考に自分のこととして考えることを通して，節度，節制の大切さについての理解を一層深めるとともに，望ましい生活習慣を身につけることが充実した人生を送るうえで欠くことのできないものであることを自覚し，自らの生き方を正し，節度を守り節制を心がけ，安全で調和のある生活の実現に努めようとする態度を育てる。

教材のあらすじと活用ポイント

　向田邦子『男どき女どき』の中のエッセイを教材にしたものです。親もとを離れ，独り暮らしを始めた作者が，行儀の悪い自分や節度を守り，節制を心がけることのできなくなった自分自身に気づいたことを通して，誰も見ていなかったとしても誰もが気づきはしなかったとしても自分の現状を内省し，慎むべきものは慎まなくてはいけないと述べています。

　この中で，「独りを慎む」「自由と自堕落」「人間としては失格」など，普段生徒が耳にしない言葉や疑問に思う言葉が出てきます。これらの言葉をキーワードにして，作者の言う言葉の意味を考えるのもよいかと思います。

「特別の教科　道徳」の授業づくりのポイント

　心身の調和のある生活を送ることの意義をしっかりと考えさせるためにも，行動の仕方や物事の処理の問題として捉えさせるだけではなく，自らの生き方そのものの問題であり，人生をより豊かにするものであることとの関係で学ぶことができるようにさせたいところです。そのためにも，作者の内省や意見を参考にしながら，自分のこととして考えさせることが大切だと思います。

評価のポイント

　授業中の発言や振り返りシートへのコメントをもとに，単なる行動の仕方や物事の処理の問題として捉えさせるだけでなく，安全で調和のある生活の実現に努めることが，充実した人生を送るうえで欠くことのできないものであることに，生徒自身が気づくことのできる授業になっていたかを評価します。

本時の流れ

	○学習活動	●教師の手だて ◇評価 ※留意点
導入	○独り暮らしのよさについて考える。 発問　独り暮らしに憧れますか。 ・自由にできるから憧れる。 ・自分の思う通りにできるからいい。 ・自分の好きなことができるから。　など	 ●数名に憧れる理由を発言させる。 ●キーワードとなる言葉を板書する。
展開	○教材を読む。 発問　「目に見えない落とし穴」とは何ですか。 ○作者の言う「落とし穴」について考える。 ・行儀の悪さ。 ・自堕落（だらしないこと）。 ・してはいけないことをしようとしてしまう癖。 　など 発問　あなたが独り暮らしを始めたとしたら、落とし穴に陥ってしまうと思いますか。 ○自分のこととして考える。 ・人が見ていないからだらしなくなると思う。 ・自由だから自分の好きなようにしてしまう。 ・人が見ていなかったら、してはいけないことをしてしまいそうだ。　など	●「独り暮らしには目に見えない落とし穴がある」と言った人のエッセイを読むことを伝える。 ※具体的な姿も問う。 ●生徒の反応を見ながら補助発問をする。 ※きちんとした生活をするという生徒やどうするかわからないという生徒の意見も聞く。
終末	発問　発言の内容を聞いたり板書を見たりして、あなたが考えたり気づいたりしたことを書きましょう。 ○授業を振り返り、考えたり気づいたりしたことを振り返りシートに書く。 ・人が見ていなくてもきちんとしないといけない。だらしない人間になってしまうから。 ・きちんとできないことは恥ずかしいことだ。 ・人が見ていないからと言って、いけないことをするのはよくない。他人の生活に迷惑をかけることになるかもしれない。　など	 ◇日々の生活だけの問題でなく、自らの生き方の問題として、充実した人生を送ることとの関係で考えることができたか。 ●数名に発表させる。

準備物

・振り返りシート

本時の実際

🔴 導入

中学生になると、小学校の頃から身につけてきた生活習慣や安全にかかわる活動についてためらったり軽く考えたりすることが起きてきます。このような時期に、独り暮らしに憧れる生徒は多いのではないかと思います。

導入では「独り暮らしに憧れますか」と問い、その理由を聞きます。理由としては「自由」「自分の好きなようにできる」「周囲から何も言われない」などが出てくると予想されます。それらの言葉を板書します。

中には「独り暮らしをしたくない」という考えをもつ生徒もいるかと思われます。その考えについても同様に理由を聞き、板書します。その中にはねらいにかかわるものが出てくる場合もあるかもしれません。

🔴 展開

生徒から独り暮らしを憧れる理由を聞いた後、「独り暮らしには落とし穴がある」という前置きをしてから、教材名を紹介して範読します。文章の中には難しい言葉も出てくるので、意味などを添えて範読するとよいでしょう。

範読の後、作者の言う「落とし穴」について考えさせます。「行儀の悪さ」「自堕落」など文章の中の言葉だけが出てくるときは、具体的な姿も問うようにし、「自分だったらどうだろう」と生徒に思わせるようにします。「あなただったら…」と問うのではなく、「具体的にどんな（生活の）様子を思い浮かべますか」と問うといいと思います。

そして、「あなたが独り暮らしを始めたとしたら、落とし穴に陥ってしまうと思います

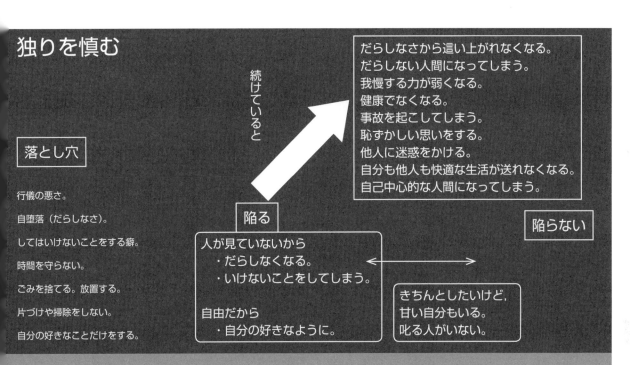

か」と発問し，意見を交流させます。それぞれの考えを交流させる中で，生徒同士が質問し合ったり他者の考えに疑問を投げかけたりできればよいのですが，それが難しいときは教師が生徒の発言を捉えて補助発問をします。例えば，
○「自由」と「自分の好きなことだけをする（だらしなくなる）」とはイコール（＝）で結ばれるのだろうか？
○人が見ていないと，してはいけないことをしてしまうのはなぜだろう？
○長い間，このように（板書に示したもの）生活していたらどうなるのかな？　想像してみよう。
　「陥らない」という生徒の理由の中に，補助発問につながる考えが出る場合もあるので，そのときは取り上げるようにします。

● 終末

　終末では，授業を振り返り，考えたり気づいたりしたことを振り返りシートに書かせます。筆者は，普段から発言するときや書くときには，必ず根拠（理由）を添えるよう指導しています。そのようにしておくと行動の選択，考えや思いを裏づけているものが見えやすいと思います。

　学習指導案では，書いた内容について全体の場で数名に発言させるようにしていますが，グループ（3～4人）またはペアで書いたものを読み合うこともよいかと思います。

　生徒の発言の中に，「節度」「節制」という言葉が出てこなかった場合には，生徒の発言した内容を捉えて「○○のようにすることを『節度を守り節制を心がける』と言います」と伝えたいと思います。
　　　　　　　　　　　　　　　　（藤田）

▶ 内容項目：A−(2)節度，節制

スマホに夢中！
よりよい生き方を見つめてみよう

掲載教科書

東書	学図	教出
光村	日文	学研
あかつき	日科	

ねらい

スマートフォンに夢中になり事故を起こした奈美恵の行動について考えることを通して，節度，節制の大切さについて理解し，充実した生活を送ろうとする道徳的態度を育てる。

教材のあらすじと活用ポイント

　塾に通い始めスマートフォンを買ってもらった奈美恵は，真夜中まで使用しています。家の中でも使いながら歩き，弟とぶつかったこともありました。ある休みの日に，仲良しの三人と遊園地に行く約束をしました。前日夜遅くまで連絡をとり合っていたため，遅刻しそうになりました。あわてて駅に着き，音楽をききながら友達とメッセージのやりとりをしました。メッセージを見て，急いで返事を入力した奈美恵は階段を踏み外して転がり事故を起こしました。
　中学生にとって，自分の生活と重ねて考えることができる内容です。自分自身の生活や行動を振り返りながら節度，節制の大切さについて考えさせます。

「特別の教科　道徳」の授業づくりのポイント

　スマートフォンの使用は，生徒の生活に大きな影響を与えており，安全を脅かすことも起きています。このような中，本教材は現在の中学生にとっては，自分のこととして考えることができる内容です。自分自身の生活を振り返り，自己を見つめながら，奈美恵の身に起きたことの原因について考えさせることが大切です。
　そして，今後の生活を安全に，調和のとれた生活にするためにすべきことを考えさせたいと思います。その際には，他の生徒の意見を聞きながら，自分の考えを深めるようにします。

評価のポイント

　ワークシートの記入内容や話合いの発言内容や態度から，自分のことを振り返って考えていたか，自分の考えを発表するとともに他の生徒の意見をよく聞いていたか，節度，節制を考えた生活や生き方を送ることの大切さについて深く考えていく授業になっていたかを評価します。

本時の流れ

	○学習活動	●教師の手だて ◇評価 ※留意点
導入	○「歩きスマホ」についての経験を振り返る（あらかじめアンケートをとっておいてもよい）。	※自分が「歩きスマホ」をしていて経験したことでも，「歩きスマホ」をしている人から迷惑をかけられたことでもよい。 ●教材の後に載っている「事故事例」と「アンケート調査結果」に触れる。
	発問　「歩きスマホ」で，危ないことを経験したことがありますか。	
展開	○教材を読む。	●教材を範読する。
	発問　奈美恵は事故を起こした後，どのようなことを考えたのでしょうか。	
	○自分で考えてから，3〜4人の班になり，意見交流をしてホワイトボードなどに記入する。記入したものを黒板に掲示する。 ○出た意見を班ごとに発表する。	●話合いの進め方を確認する。 ●司会，記録，発表者を決めてから話合いに入るように話す。 ◇話合いに積極的に参加しているか。他の生徒の意見をよく聞き，自分の考えを深めているか。
	発問　奈美恵は，これからどんなことに注意して生活していくでしょうか。	
	○ワークシートに自分の考えを書き，3〜4人の班で，意見交流をする。 ○他の生徒の意見を聞いて，再度自分の意見をまとめる。 ○何人かが発表をする。	◇他の生徒の意見をよく聞き，自分の意見を深めているか。
	発問　日頃から安全で充実した生活を送るために，心がけたいことはどのようなことでしょう。	
	○自分の生活を振り返り，これからの生活をどうするか，考えながらワークシートに書く。	●自分の生活を見つめ直すように伝える。 ◇自己を見つめているか。
終末	発問　この時間で学んだこと，今後の生活に生かしたいことを書きましょう。	
	○本時で学んだこと，今後の生活に生かしたいことをワークシートに書く。	●時間があれば，何人か発表させる。時間がなければ，教室に掲示したり，通信にまとめて配付したりするとよい。 ◇自分の生活を振り返り，これからの生き方や生活について考えているか。

準備物

- ワークシート
- 班の意見を書き，黒板に掲示することができるホワイトボードまたは画用紙
- ホワイトボードまたは画用紙に書くためのホワイトボードマーカーかマジック
- 磁石（黒板に掲示するため）

日頃から安全で充実した生活を送るために，心がけたいことはどのようなことだろう？
・生活を反省する。
・人の迷惑にならないようにする。

本時の実際

●導入

まず，事故も起きている「歩きスマホ」について生徒がどのように考えているかを理解したいと考えました。そこで，「歩きスマホ」で危ないことを経験したことがあるかを聞きました。生徒からは，「ぶつかったことがあった」「自分がしていて前から来た人に迷惑だよと言われた」などが出ました。それぞれが，「歩きスマホ」については，経験がない人もいましたが，危険で迷惑であると思っていることがわかりました。

そして，教材の後に掲載してある「事故事例」と「アンケート調査結果」を見ました。生徒からは，自分たちの知らない事故が起きていることに驚いたという声が出ました。

●展開

まず，教材を範読し，奈美恵が事故を起こしたときの状況について確認をしました。次に，「奈美恵は事故を起こした後，どのようなことを考えたのでしょうか」について考えました。これは，事故直後から病院に着くまでの間に考えたこととしました。生徒からは「あわてなければよかった」「お母さんとの約束を守っているべきだった」「人に迷惑をかけた」などという意見が出ました。そして，3〜4人の班で自分が考えたことを意見交流をし，ホワイトボードに書いて班ごとに発表しました。

次に，「奈美恵は，これからどんなことに注意していくでしょうか」についてまず自分で考え，ワークシートに書き，班で意見交流をしました。その後，他の生徒の意見を聞き，

スマホに夢中！

歩きスマホ　ぶつかった　迷惑

事故を起こした後、どんなことを考えたのだろうか？

（ホワイトボードまたは画用紙 ×8）

奈美恵はこれからどんなことに注意していくか？
・時間を決める。
・友達とのやりとりを制限する。
・学校のことを優先させる。

自分の意見をまとめました。それを何人かに発表させました。

「時間を決めてスマホを使う」「友達とのやりとりを制限する」「学校のことを優先させる」という意見が出ました。

この意見をもとに、自分が安全で充実した生活を送るために心がけたいことを考え、自分の今後の生活を考えてワークシートに書きました。発問は「日頃から安全で充実した生活を送るために、心がけたいことはどのようなことでしょう」です。「自分のやるべきことを優先していけるよう自分の生活を反省したい」「スマホは便利で楽しいけれど、人の迷惑にならないように使用していきたい」などが出て、よく考えていると思いました。

● 終末

最後に、この時間で学んだことや今後の生活に生かしたいことを、一時間を振り返りながらワークシートにまとめました。自分の生活で思いあたることがある生徒も多く、よく反省し、これからの生活のことを考えていました。「奈美恵が起こした事故は、自分の生活を考えたとき、ありうることだと思った。今は運がよくて事故にあっていないけれど、これからあう可能性がある。よく反省し、今日学んだことを生かしていきたい」というまとめなどが出ました。

家庭でもこの教材を使って保護者とこれからの生活やスマホの使い方について考えるように話し、学年通信にも生徒の意見を掲載しました。

(山田)

▶ 内容項目：A−(3)向上心，個性の伸長

ぼくにもこんな「よいところ」がある
見方を変えれば…

掲載教科書
東書 学図 教出
光村 日文 学研
あかつき 日科

ねらい

自己を見つめ，自己のよさに気づき，個性を伸ばして充実した生き方を追究しようとする実践意欲を育てる。

教材のあらすじと活用ポイント

　何事にも真面目に取り組むぼくは，「真面目に見える子供も問題を起こすことがある」というテレビ番組で聞いた言葉に思い悩みます。保健委員会でも，副委員長として真剣に取り組み続けますがテレビの言葉が頭から離れません。やがて，不真面目なクラスメートを責める気持ちもわいてきます。そんなぼくの気持ちが大きく変わったのは，クラスメート全員が一人ひとりのよいところをお互いに書くという活動でした。書き終えた後，自分をきちんと見てくれているクラスメートがいたことに気づき，それをきっかけに自分の「真面目さ」を受け入れて自分に自信をもち，大きな心で人のよさを見つけていく決意をします。

　同じような体験をもつ生徒も多いと思われます。主人公に自己関与し，他者とのかかわりの中で気づかなかった自分自身のよさを見いだし，充実した生き方につなげられるようにします。

「特別の教科　道徳」の授業づくりのポイント

　「主体的・対話的で深い学び」にするためには，自分のこととして考えたり，教材の登場人物の心情分析をしたりするだけではなく，発問に対して，自分の体験を振り返りながら自分のこととして考え，意見交流することが必要です。そのために，生徒ができるだけ自我関与でき，しかも多様な生徒の反応が出るような発問構成を考えることが大切です。

評価のポイント

　発問に対する生徒の反応や振り返りシートから生徒が自分の体験を踏まえて自分のこととして考えていたか。他の生徒の発言を聞きながら，自分の考えがさらに深まったり広まったりしているか。そして，それらが実践意欲につながっていく授業になっていたかを評価します。

本時の流れ

	○学習活動	●教師の手だて　◇評価　※留意点
導入	○自分の「よいところ」について考える。	●自分のよさについて出し合い，道徳的価値への導入とする。 ※自分のよさがわからない生徒もいると思うが深入りしない。
	発問　自分の「よいところ」は何でしょう。	
展開	○教材を読んで話し合う。	※テレビの言葉を聞いて自分の真面目さに自信を失いかける主人公に自我関与するようにする。
	発問　ぼくが自分の真面目さを受け入れられずに苦しんだのはなぜでしょう。	
	○意見交流をする。	※自分のこともクラスメートのことも欠点ばかりが目につき，一面的な見方になっていることに気づかせる。
	発問　ぼくが，ぼく自身やみんなにどんなよさがあるのか，あまり積極的に答える気になれなかったのはどうしてでしょう。	
	○意見交流をする。	※クラスメートが自分の真面目さを「よさ」と捉えていた主人公に自我関与するようにする。 ●必要に応じて補助発問する。 ◇自分のこととして考えているか。 ●ワークシートに記入させる。
	発問　「ぼくは，もう危険な存在などではないのだ」と感じることができたのはなぜでしょう。	
	○意見交流をする。	
	発問　自分やクラスメートの「よいところ」を見つめてみましょう。	
終末	○本時のまとめをする。 ・今日の学習を振り返り，ワークシートに書く。	◇本時を振り返り，生徒の素直なコメントを促し，評価の材料とする。

準備物

・挿絵の拡大絵
・ワークシート

「よいところ」は
・見方を変えれば、その人のよさは見えてくる。

本時の実際

🌑 導入

　授業のはじめに，今日の授業のテーマである自分の「よいところ」を見つけることを伝えました。こうすることによって，授業内容がぶれずにねらいに迫れるからです。

　道徳的価値への導入としては「自分の『よいところ』は何でしょう」と問いました。すると，「やさしいところ」「明るいところ」などの反応が返ってきましたが，「わかりません」という反応も少なからずありました。中学生にとって自分のよさは見えにくいのかもしれません。しかし，本時の授業を受けて，見方を変えれば長所になることに気づいてくれればよいと思います。

🌑 展開

　まず，教師が教材を範読して発問に入っていきました。

　「ぼくが自分の真面目さを受け入れられずに苦しんだのはなぜでしょう」と発問したところ，「適当にやろうとする人を見ると落ち着かないし，我慢できないから」「真面目がいけないことなのか，口に出して言いたいが，真面目な人間だと思われたくないから」という反応がありました。

　次に「ぼくが，ぼく自身やみんなにどんなよさがあるのか，あまり積極的に答える気になれなかったのはどうしてでしょう」という発問に対して，「自分のこともクラスメートのことも欠点ばかり目についてしまうから」「誰も自分の真面目さに気づいてくれないから」という反応が返ってきました。

ぼくにもこんな「よいところ」がある

自分らしさって
・誰とでも仲良くなれる。
・決めたことを真面目に取り組む。

自分の真面目さを受け入れられずに苦しんでいるぼく
・適当にやろうとする人を見逃せない。
・真面目がいけないのか。→ 口に出せない
・人にそう思われたくない。

自分やみんなのよさについて積極的に答える気にならないぼく
・欠点ばかりが見えてくる。
・誰も自分の真面目さに気づいてくれない。

「もう危険な存在などではないのだ」と感じることができたぼく
・みんなが自分の特徴を見ていてくれた。
・真面目に取り組んできた委員会の活動を評価してくれている。

← みんなが自分の特徴を受け入れてくれた

　次に,「『ぼくは,もう危険な存在などではないのだ』と感じることができたのはなぜでしょう」という中心とも言える発問をしたところ,「自分自身の思いとは逆に真面目さを『よさ』と捉えていたことを知ったから」「これまで真面目に取り組んできた委員会の活動を評価してくれていることに気づいたから」というようなねらいに即した反応がありました。

　そして,これまでの自分の生活を振り返り,自分やクラスメートの「よいところ」をワークシートに書かせたところ,生徒はすらすら書いていました。

● 終末

　終末では,生徒がクラスメートの「よいところ」を書いたワークシートの中からいくつか選び,生徒名は言わずに発表しました。

　その際,見方を変えれば短所と思われることも長所になることを説話で確認しました。本授業をきっかけにして,学活の時間などにクラスメート全員,お互いのよさを伝え合う取組をすると,さらに本授業が生きてくると思われます。

（鴨井）

▶ 内容項目：A−（4）希望と勇気，克己と強い意志

片足のアルペンスキーヤー・三澤拓
夢の実現のために

掲載教科書：東書／学図／**教出**／光村／日文／学研／あかつき／日科

ねらい
三澤拓さんがこれまで困難を乗り越え，目標に向かって歩んできた姿を通して，夢の実現には失敗にくじけずやり抜く意志が大切であることを理解し，自分の目標の達成に根気よく取り組もうとする道徳的実践意欲を育てる。

教材のあらすじと活用ポイント

　三澤拓さんは，6歳で交通事故のために左足を切断しましたが，負けず嫌いの性格と生まれつきの運動神経のよさで，いろいろなことにチャレンジしてきました。自分の力を信じ，努力しつつ，様々な困難を乗り越えた結果，今ではアルペンスキーヤーとして活躍しています。

　三澤さんは，目標のために全力で挑戦し，失敗しても，そこから課題と克服する方法を明確にし，次のステップに進んでいます。夢や目標を叶えるために，失敗しても決してあきらめない強い意志と小さな目標を確実に実現している様子に注目させたいところです。

「特別の教科　道徳」の授業づくりのポイント

　本教材には，アルペンスキー選手である三澤拓さんが目標の実現のために様々な失敗に直面してきた様子が描かれています。残された右膝を骨折し，選手生命が危ぶまれたときには心が折れそうになりましたが，中学生時代の自分の言葉に勇気づけられ，再びゲレンデに立ちます。

　三澤さんが左足を切断したところから，自分で描いた夢へと少しずつ近づいていく様子を追い，三澤さんが困難に立ち会うたびにどのような心情になり，次のステップへ進むために何を大切にしていったのかを考えていきたいところです。

評価のポイント

　記入した振り返りシートをもとに，夢を実現できる人は，困難なことに出合ってもすぐに乗り越えられるという一面的な捉え方から，実際は失敗と成功を繰り返し，時にくじけそうになりながら，努力を続けて少しずつ進歩しているという点を捉えられる授業になっていたかを評価します。

本時の流れ

	○学習活動	●教師の手だて ◇評価 ※留意点
導入	○アルペン立位競技（三澤さんが映っているもの）の動画を見る。	※動画からパラリンピックのスキー競技がどのようなものかを捉えさせる。
展開	○教材を読む。 ○三澤さんの生い立ちについて確認しておく。 ・6歳のときに事故で左足を切断。 ・夢はパラリンピックで金メダルを取ること。 発問　三澤さんが練習を積み重ねてきた中で，自分の中で積み上げてきたものは何でしょうか。 ・自信　　・応援　　・信頼　　・実力　　・責任 ・達成感　（・お金）　・努力　　・筋力　　・体力 発問　三澤さんがこれまでに悔しいと感じたのはどんなことに対してでしょうか。また，課題に直面したとき，どのように乗り越えたでしょうか。 ・片足では限界があると感じたとき。 ・義足を使っても，自分だけではできないことがあるということ。 〈乗り越え方〉 ・あきらめずに対処法を探す。 ・焦らない。 発問　バンクーバーで転倒したとき，頭が真っ白になったとき，彼は何に気づいたのでしょうか。 ・国内に敵なしと言われて，自分の力を過信していたこと。 ・自分の課題に気づけていなかったこと。 ・まだまだ練習不足だったこと。 ・自分の実力。	●教材を範読する。 ※教材を読み，いくつもの困難を乗り越えていく三澤さんの心情に迫りたい。 ※精神面と技術面で分けて書くとよい。 ※「悔しい」と感じる理由を追究したい。 ※目標達成のためには必ず自分の限界にあい，そこでどうするかが大切であることを理解させたい。 ※限界だと感じても，次のステップに進むときには何が必要であるか考えさせる。 ●周りの人が言っていても，実際は自分で判断することが必要であるなど，着実に前進するには大切なことは何かを確認する。 ※グループで共有してから発表させる。
終末	○本田宗一郎の言葉「チャレンジして失敗することを恐れるよりは何もしないことを恐れよ」を紹介する。 発問　本田宗一郎さんと三澤さんの共通点は何ですか。 ・失敗するかどうかを考えるのではなく，自分がやり遂げようとする意志があるかどうかが大切だということ。〈強い意志〉 ・自分には困難が来ることはわかっているけれど，やり遂げたいことがあるならあきらめず続けていくことが夢への近道である。〈折れない心〉 ○振り返りシートに記入する。	◇教師の考えを挟まず，振り返りシートへの記入を促す。

準備物

- ICT機器
- 三澤さんが競技している動画
  （パラリンピック関連）
- 三澤さんが競技している写真
- 振り返りシート

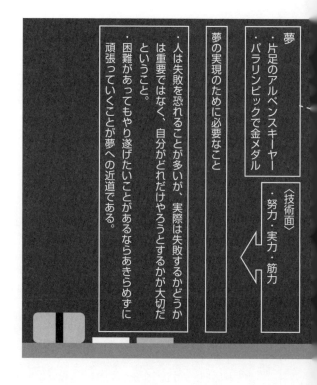

・夢
　・片足のアルペンスキーヤー
　・パラリンピックで金メダル

〈技術面〉
・努力・実力・筋力

夢の実現のために必要なこと

・人は失敗を恐れることが多いが、実際は失敗するかどうかは重要ではなく、自分がどれだけやろうとするかが大切だということ。
・困難があってもやり遂げたいことがあるならあきらめずに頑張っていくことが夢への近道である。

本時の実際

◆導入

授業のはじめに、三澤さんがスキーを滑っている様子を捉えるため、三澤さんがスキーを滑っている動画を見せました。そして、同じ場所を健常者が滑っている様子も見せました。三澤さんが述べている「健常者と障害者スポーツも一緒であり、技術レベルの高いスポーツとして楽しんで欲しい」という言葉がどのような意味なのかを明確にすることで、生徒が三澤さんのこれまでの困難や努力を考えやすくなると思ったからです。

◆展開

教材を読んだ後、三澤さんの生い立ちと夢について確認しました。6歳で事故にあい、左足を切断することと中学生だったときのスピーチコンテストで話したという「アルペンスキーヤーになって金メダルを取る」という夢を押さえておきます。このことにより、足を切断したという状況から夢の実現のために一歩一歩努力し、前進している様子がつかめるからです。また、板書でもイメージしやすいように工夫します。

発問をもとに、三澤さんが練習とともに自分の中で積み上げてきたものをグループで話し合わせたところ、「自信」「信頼」「達成感」など、精神面についての意見が多く出てきましたが、一方で、技術面で「筋力」「実力」といった意見も出てきました。

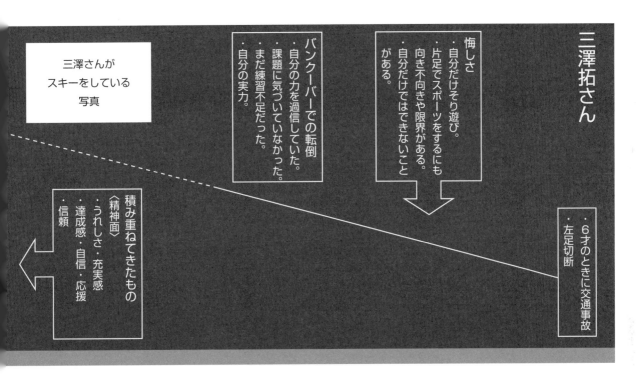

その後，三澤さんが課題に出合った際の対処法についても考えさせました。

また，バンクーバーでの失敗を通して，三澤さんが気づいたことを考え，グループで共有させました。そのことで，目標を達成するには，とにかくコツコツと努力していくことだけではなく，自分の中の課題を明確にすることや過信しないことが大切だという意見が出てきました。

● 終末

終末に，本田宗一郎の「チャレンジして失敗することを恐れるよりは何もしないことを恐れよ」という言葉を紹介し，三澤さんとの共通する部分を考えさせました。

発問後，生徒からは，「目標を決めるとはじめは努力しようとするけれど，何かできないことがあるとすぐにあきらめてしまう。単に『〜したい』くらいではすぐにあきらめてしまうから，面倒くさがらずに『どうやったらできるようになるのか』と課題を見つけることや『絶対に乗り越えてやる』『かなえてやるんだ』という強い思いがあればどんな問題でも乗り越えられるのだと思う」といった意見が出てきました。

（吉田）

▶内容項目：A−(4)希望と勇気，克己と強い意志

掲載教科書：東書／学図／教出／光村／**日文**／学研／あかつき／日科

銀メダルから得たもの
さらに高いところを目指そう

ねらい

厳しい努力の末の挫折にもめげず，もっと高い目標を目指して努力を続ける主人公の生き方に学び，挫折や失敗であきらめることなく，努力し続けようとする道徳的実践意欲を育てる。

教材のあらすじと活用ポイント

　レスリングの吉田沙保里選手は，人一倍の努力により初出場のオリンピックで優勝しますが，連勝世界記録を立てた後のワールドカップでついに敗れます。道場の子どもたちを見て気持ちを立て直し，さらに2回のオリンピックで優勝します。しかし，四連覇をかけ臨んだリオデジャネイロオリンピックではまさかの銀メダル。それでも吉田選手は努力することをやめません。

　この教材は，世界トップの選手が苦しんで挫折を乗り越えているという「実話」のもつ力で，努力は継続してこそ高みに到達できることを実感させるために活用することができます。

「特別の教科　道徳」の授業づくりのポイント

　幼い頃から人一倍練習して，オリンピック金メダルという一つの目標を達成した吉田選手が，さらに挫折を繰り返し，そのたびに乗り越えてより高い目標を達成していく姿は，多くの中学生のもつ「努力」という言葉のイメージをくつがえします。

　少し頑張ったくらいで「結果が出ない。努力などムダだ」とあきらめてはいなかったか，と自分を見つめ，視野のせまさに気づかせることが大切です。また，より高い目標を達成するために吉田選手の生き方から何を学ぶのか，挫折を乗り越えるきっかけや考え方は何かなど，話合い活動を通じて道徳的実践意欲を育てることがポイントになります。

評価のポイント

　記入したワークシートをもとに，「努力」という言葉に対する考え方の変化を見取ります。また，「金メダルよりも得られるもの」の話合いを通じて，挫折を乗り越えてより高い目標を目指して努力することを自分自身の問題として捉えている授業になっていたかを評価します。

本時の流れ

	○学習活動	●教師の手だて　◇評価　※留意点
導入	○「努力」という言葉のイメージを確認する。	●今の自分を見つめさせるために、ワークシートに書かせてから発表させる。
	発問　今の自分について「努力しているのに」に続く言葉を書いてみましょう。	
		●3年の時期だからこそ切実な問いになる。数人に「それは何時間くらい？」「もっと頑張れと言われたら？」などの問いかけをし、本時のねらい「より高い目標を目指すためには」に触れる。
展開	○第一の挫折を乗り越えて、オリンピック3連覇するまでの部分を読む。	※初出場で金メダルをとってもまだ努力するところで、導入の「努力」に立ち返りながら読んでもよい。
	発問　連勝記録がストップし、暗い気持ちで過ごしていた吉田選手の気持ちを変えたものとは何でしょう。	
		●努力し続けた者には、必ず挫折を乗り越えるためのきっかけが目の前に現れること、それに気づかなければきっかけにはなりえないことにも気づかせる。
	発問　「恥じないような試合」とはどんな試合でそのためには何が必要でしょう。	
	○最後までを読む。	※試合の内容そのものではなく、そう思うことによって吉田選手がどう行動した結果としての試合かを想像させたい。
	発問　「金メダルよりも得られるもの」とは、何でしょう。	
		●4人程度の少人数のグループで「時間内でできるだけ多く見つけよう」を目標に話し合わせ、後に発表させる。 ◇挫折から何を学ぶか、自分の考えを深めようとしている姿を見取る。
終末	○ワークシートに記入する。	
	発問　「努力する」ということについて、今日の学習で考えたことを書きましょう。	
		◇話合いによって自分を見つめ、視野を広げることができたか。

準備物

・ワークシート

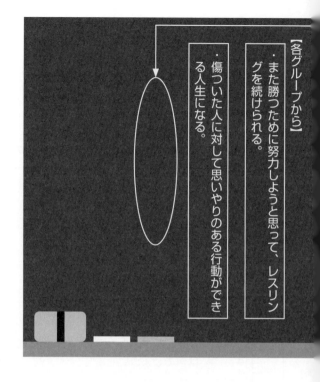

【各グループから】
・また勝つために努力しようと思って、レスリングを続けられる。
・傷ついた人に対して思いやりのある行動ができる人生になる。

本時の実際

🌑 導入

導入は，学習後に視野が広がったことを感じさせるための発問です。終末で，自分の思っている「努力」は，吉田選手の「努力」に比べて何が足りないのかを考える際に，導入が有効になると思います。

「努力しているのに」に続く言葉として一番多いのは「成績が上がらない」「○○で友達に勝てない」など，学習や部活動に関する内容です。「何時間くらい？」という質問に対しては「たったそれだけで努力？」「自分はもっと練習してるよ」などという反応が他の生徒からも返ってくるはずです。同学年でさえも，自分に厳しい人，甘い人。目標のある人，そうでない人。「努力」のイメージが人によって違うのだということにも気づかせたいところです。

🌑 展開

最初のオリンピックで優勝したのに「次でもまた金メダルをとりたい」と考えて努力をする部分を発問にしようかと思いましたが，トップアスリートのモチベーションは本当のところはよくわからないので，あえてそこに発問を置きませんでした。

展開最初の発問「気持ちを変えたものとは？」については，文章そのままの子どもたちの姿で終わるのではなく，「倒れては泣きながら立ち上がる姿に自分を重ねた」「闘志を燃やすのがレスリングだと気づいた」など少し深く考えてみると，次の発問につながります。

「この子たちに恥じないような試合」とは「金メダルをとる試合」です。そのために悔しさを忘れないことやぜったいに勝つという

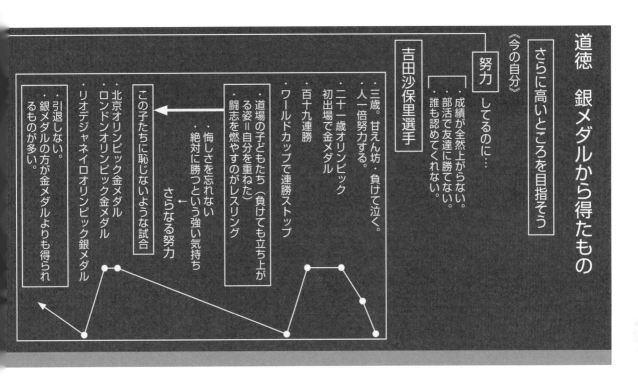

道徳 銀メダルから得たもの

《今の自分》
さらに高いところを目指そう

- 努力してるのに…
  - 成績が全然上がらない。
  - 部活で友達に勝てない。
  - 誰も認めてくれない。

吉田沙保里選手
- 三歳。甘えん坊・負けて泣く。
- 人一倍努力する。
- 二十一歳オリンピック初出場で金メダル
- 百十九連勝
- ワールドカップで連勝ストップ
  - 道場の子どもたち（負けても立ち上がる姿＝自分を重ねた）
  - 悔しさを忘れない
  - 絶対に勝つという強い気持ち
  - 闘志を燃やすのがレスリング
- この子たちに恥じないような試合
  - さらなる努力
- 北京オリンピック金メダル
- ロンドンオリンピック金メダル
- リオデジャネイロオリンピック銀メダル
- 引退しない。
- 銀メダルの方が金メダルよりも得られるものが多い。

強い気持ちをもったと書いてありますが，気持ちだけで優勝できるはずもなく「さらなる努力」が必要だということに気づかせたい発問です。

「金メダルよりも得られるもの」については，競技生活に視点を当てると，銀メダルを見て「また勝つために努力しよう」「レスリングをまだ続けたい」という意欲がかきたてられるという意見もあります。

また，「人の生き方」に視点を当てると，どうして負けた選手の気持ちがわかったらよいのかを考えることになります。例えば，指導者になったときに選手にかける言葉が増えることや，傷ついた人への思いやりのある行動ができる人生になるのではないかということなど，生徒に話合いを通じて考えさせたい中心発問です。

● 終末

終末では，吉田選手の圧倒的な「想像を絶する努力」「挫折の克服」「さらなる努力の継続」を学習した後で，導入で考えた「努力とはどのようなものか」に戻ります。

文章を「比喩」や「何かの示唆」として読み取れない生徒であっても，展開の最後の話合いで「銀メダル（挫折や失敗）から得たもの」が実は人生にも応用されることに気づきました。そのことを踏まえて「自分は何をすればよいのか」「簡単にあきらめている場合じゃないのではないか」ということを，自分自身に当てはめてじっくり考える活動になっています。

進路の実現を前に，3年生にとって大切な時間になると思います。　　　　　（水登）

▶ 内容項目：A−(5)真理の探究，創造

掲載教科書: 東書 学図 教出 光村 日文 学研 あかつき 日科

湖の伝説
最期まで，表現しようとした意味

ねらい
死を目前にしながらも，自分の思いを表現しようとする主人公の生き方から，真実を大切にし，真理を探究して新しいものを生み出そうと努める心情をはぐくむ。

教材のあらすじと活用ポイント

　画家三橋節子は，同じ日本画の道を歩む夫と二人の愛児と幸せな生活を送っていました。しかし節子が33歳のときに，右肩に激痛が走ります。その痛みは，鎖骨腫瘍という病気で，かなり症状が進んでいました。医者は，病巣になっている右肩を切断すれば生命を救うことはできるが，手術が成功しても，手術後5年以上生きられることは少ないと宣告しました。

　右腕を失い，残された限られた時間の中で節子がどのように生きたのかという教材です。死期が迫ってもなお，制作を続ける節子の姿に，生徒は感銘を受けると思います。制作を続けた節子の心情に迫ることで，真理を探究し，新しい物を生み出そうと努める心情をはぐくみます。

「特別の教科　道徳」の授業づくりのポイント

　右腕を失った節子は，夫の励ましもあり，左腕で制作を続けます。授業ではまず節子の制作した『三井の晩鐘』を鑑賞し，率直に感じたことを発表させます。その後教材を読み，改めて左手で制作した『三井の晩鐘』『母子像』，絶筆『余呉の天女』を準備し，鑑賞します。作品をもとに何を描こうとしたのかを考え，話し合います。また，「ありがとう，幸せやった」という節子の家族に向けた最期の言葉から，節子の制作する心を支えたものについて考えていきます。

評価のポイント

　記入したワークシートをもとに，節子が何を描こうとしたのか，最期の言葉について考えたことで，導入で鑑賞した作品に対する感じ方が変化した様子などが見られる授業となっていたかを評価します。その後，内容を学級全体で共有していくことが望ましいと考えます。

本時の流れ

	○学習活動	●教師の手だて ◇評価 ※留意点
導入	○節子の描いた『三井の晩鐘』を鑑賞する。	●作品から,どのようなことが描かれているか想像し,発表させる。
	発問 この作品は,何が描かれていると思いますか。	
展開	○教材を読む。	●範読後,先ほど鑑賞した『三井の晩鐘』は,節子が左腕で描いた作品であること,作品のテーマとなっている『三井の晩鐘』の民話を伝える。
	○黒板に掲示された『母子像』『余呉の天女』を鑑賞する。	●黒板に掲示した作品は,教材に出てきた作品であることを伝える。
	発問 3つの作品を鑑賞して,節子は何を描こうとしたと思いますか。	
	○作品をじっくりと鑑賞し,ワークシートに記入する。	●描かれている女性と子どもに注目させる。
	○意見交流をする。	●班の形になり,描かれているものの共通点や教材を改めて読み直させ,じっくりと考えるようにする。
	発問 なぜ,節子は「ありがとう,幸せやった」という言葉を残したのだと思いますか。	
	○節子が描こうとしたものを確認する。	●意見を作品と重ね合わせながら確認していく。
	○意見交流をする。	
終末	発問 改めて,作品を鑑賞して,どう思いますか。	
	○作品を鑑賞し,考えを発表する。	●導入時に鑑賞した『三井の晩鐘』を改めて鑑賞し,個々の考えを発表させる。
	○教師の説話を聞く。	●もし,教師が節子の立場であったらという視点で自らの思いを語る。
	○本時の授業で学んだことや考えたことをワークシートに記入する。	◇ワークシートへの記入を促す。

準備物

- 三橋節子作品『三井の晩鐘』『母子像』『余呉の天女』(拡大コピーまたは大型テレビなどで作品を映す)
- ※『三井の晩鐘』…幼子を残し,湖に戻った竜の化身の民話を描いた作品。乳をほしがり泣く子どものために,竜は右目をくりぬき子どもになめさせ,次いで左目を差し出す。盲目となった竜は,夫に三井の鐘を毎晩撞き,2人の無事を知らせてほしいと言う。
- ワークシート

> ◇なぜ、「ありがとう、幸せやった」と言ったのか。
> ○右手をなくしても、はげましてくれる夫がいて、自分の思いを描くことができたから。
> ○自分の描きたい思いを最期まであきらめないで、描くことができたから。
> ○家族に見守られて、最期まで過ごすことができたから。
> ◇授業のはじめの鑑賞と今の気持ちの変化は？
> ○はじめ…暗い絵という印象。
> 今…死を前にした母親の思い。限られた命だからこそ、このような作品が描けたのではないか。

本時の実際

●導入

『三井の晩鐘』を掲示しました。作品を掲示した瞬間に「何だか怖い」「昔話みたい」「絵本の挿絵にありそう」と声が上がりました。「この作品は,何が描かれていますか」と尋ねました。「オレンジ色の着物を着た女の人」「子ども」「竜」「鐘」「湖」「女の人が持っている水晶」「女の人が持っているのは竜の目にも見える」「子どもが食べているのはおにぎり？」「お煎餅？」と挙がってきます。「どのようなことが描かれていると想像できますか」と尋ねると「女の人は鐘の番人で,竜と一緒に鐘の中に何かを閉じ込めている」「子どもも鐘の番人かもしれない」「女の人が持っているのは竜の目で,竜が迷っているようにも見える」様々な想像が出てきました。生徒は,作品に興味をもち始めました。

●展開

「今日は,この作品を描いた三橋節子さんという画家についてのお話です」と伝え,教材を読みました。読み終わるとすぐに,「この作品が,『三井の晩鐘』ですか？」という質問が出ました。「そうです。右腕を失い左腕だけで描いた作品です」と答え,『三井の晩鐘』の民話について伝えました。その後,教材に出てくる『母子像』『余呉の天女』を黒板に掲示しました。「『余呉の天女』は絶筆。亡くなる前に描いた最後の作品です」と伝えると,「この女の人が天国に行くのかな？」というつぶやきが聞こえました。

「3つの作品を鑑賞して,節子は何を描こうとしたと思いますか」と発問し,自分の考えをワークシートに記入させました。班ごとに意見交流をすると,「3つの絵に描かれて

湖の伝説

『三井の晩鐘』

作品『三井の晩鐘』

◇何が描かれている？
○女の人は鐘の番人で、竜と一緒に鐘の中に何かを閉じ込めている。子どもも鐘の番人かもしれない。
○女の人が持っているのは竜の目で、竜が迷っている。

作品『母子像』

絶筆『余呉の天女』

◇描こうと思ったもの。
○自分が亡くなる前に子どもにずっと見ているよ。という気持ちを込めて描いた。
○死ぬ前に自分の思いを表現しなければいけないと思っていた。

作品『余呉の天女』

● 終末

改めて『三井の晩鐘』に注目しました。「今日の授業のはじめに、この作品を鑑賞したときと、今の気持ちの変化はありますか」と尋ねると、ほとんどの生徒が「ある」と答えました。その理由を尋ねると、「はじめは、暗い絵だな。と思っていました。三橋節子さんの生き方を知って鑑賞すると、母親の思いを感じます」「限られた命だからこそ、このような作品を描いたのではないか？」と答えた生徒もいました。

最後に、教師が、自分が節子の立場であったらという内容の説話をしました。親の立場としての教師の言葉を生徒は静かに聞いていました。本時に学んだこととして、もし自分が節子の立場だったら、どうするかについて考える生徒が多かったです。

いる子どもは、自分の子どもなんじゃないかな。自分が亡くなる前に、子どもにずっと見ているよ。という気持ちを込めて描いたのではないかと思う」「右手をなくしても描き続けたのは、死ぬ前に自分の思いを表現しなければいけないと思っていたのではないか」といった意見が出ました。

教材の最後の一文。「ありがとう、幸せやった」という言葉に注目させ、ワークシートに記入させました。「右手をなくしても、はげましてくれる夫がいて、自分の思いを描くことができたから」「自分の描きたい思いを最期まであきらめないで、描くことができたから」「家族に見守られて、最期まで過ごすことができたから」一人ひとりが考えたことを発表しました。

（久保田）

▶ 内容項目：B−(6)思いやり，感謝

背番号10
拍手の先にあるのは

掲載教科書

東書	学図	教出
光村	日文	学研
あかつき	日科	

ねらい
主人公の僕がキャプテンとして奮闘する姿を通して，たとえ孤軍奮闘しているようでも周りで支えてくれる人の存在に気づき，その思いに感謝をした生き方を実現しようとする道徳的実践意欲を育てる。

教材のあらすじと活用ポイント

　地区大会出場を目指す野球部で僕はキャプテンとして任命されますが，新人戦に負けてしまいます。キャプテンとしての焦りもあり，チームの士気も下がります。そんな矢先，突然負傷してしまった僕ですが，自分にできることを探してやっていくうちに，チームに活気が戻っていきます。部員たちの拍手の中，地区大会ベンチ入りメンバー背番号10番を受け取ります。
　本教材では，自分しか見えなくなっても，周りでいろいろな人がかかわり，支える様子が描かれています。独りよがりになりがちな毎日を過ごしていても，人は必ず誰かに支えてもらっていることに気づき，そのことを当たり前と思わず感謝していくことで，人とのかかわり方が豊かになっていくことを理解させたいところです。

「特別の教科　道徳」の授業づくりのポイント

　主人公の僕がどのようなかかわりの中で野球に取り組んでいるかを押さえておき，周りの人たちがどのような思いをもって支えているかを考えさせます。そのうえで，僕が周りからの支えや期待に気づく様子から，周りの人たちの支えがあってこそ今の自分があることに気づき，なぜ感謝の心をもつことが日々の生活を豊かにするのかを考えることが必要です。

評価のポイント

　振り返りシートの記述より，人とのかかわり方において「やってもらって当然」という一方的な捉え方ではなく，自分の行いは常に周りから支えられてできるのであり，自分に対する叱咤激励や期待も自分の成長を願ってのものであることを理解したうえに「感謝」があるということを多面的・多角的に捉えようとしている姿勢が見られる授業となっていたかを評価します。

本時の流れ

	○学習活動	●教師の手だて ◇評価 ※留意点
導入	○私たちが相手に感謝を示したいとき,「ありがとう」と言う以外にどのようにして示すか考える。	●お辞儀をする,握手をする,ものを渡す,手紙を書く,拍手をするなどを押さえる。
展開	○教材を読む。 ○主人公がキャプテンとしてどのように野球にかかわっているかを考える。	●範読する。 ●僕を取り巻く人とのかかわりとどのような思いで支えられているかを押さえる。
	発問　僕は野球をするうえで,誰に支えられ,そこにはどのような思い・願いがあるでしょうか。	
	〈誰〉・両親…「しっかりやりなさい」 　　・監督…キャプテンとしてまとめてほしい。 　　・チームメイト…キャプテンとして自分たちをまとめ,率いてほしい。	●板書で視覚的にも整理する。 ●僕が思っていたことも聞くことで次の発問につながる。
	発問　けがをして父親に一喝された夜,僕は布団の中でどんなことを考えたのでしょうか。	
	・キャプテンとして力不足だった。 ・野球ができなくても,違う方法でチームにかかわれるのではないか。 ・弱音を吐いて,父をがっかりさせてしまった。	※けがの前後で,チームに対するかかわり方が変化することも念頭に置きつつ,どのようなことを考え,気づいたのかを考えさせたい。
	発問　チームメイトからの2回の拍手に込められているものは何でしょうか。	
	〈1回目〉おめでとう。がんばってほしい。 〈2回目〉これからもよろしく。頼りにしているんだ。僕たちは君についていくよ。本当によかった。	※2回の拍手それぞれにある意味を考えさせたい。
	発問　なぜ僕が深々と頭を下げたのでしょうか。そして,そのときどんなことを考えていたのでしょうか。	
	・僕をベンチ入りさせてくれてありがとう。 ・僕のベンチ入りを喜んでくれてありがとう。 ・いつでもしっかりと見ていてくれた監督に感謝したい。	※一礼とは違う,深々と頭を下げている意味を考えさせたい。
	発問　僕はこれから先,どのように成長していくでしょう。	
	・周りの人に感謝して,大変なときも助けてもらえるかもしれない。 ・これまで以上に周りの支えに気づくことができるようになる。	※自分のこととして,これからの生き方とつなげて考えさせたい。
終末	○今日の授業で新たに学んだことを,振り返りシートにまとめる。	◇教師の考えを挟まず,振り返りシートへの記入を促す。

準備物

・振り返りシート

本時の実際

🌑 導入

授業の始めに，感謝の示し方について考えます。いかなる言語であっても「ありがとう」という感謝を示す言葉はありますが，「礼」という頭を垂れる仕草は日本独特のもので，深く下げることと感謝の度合いは比例しています。

生徒からは，相手に手紙を書く，ものを渡す，という意見が出てきましたが，その根にどのような思いを伝えたいと思っているかが大きくかかわっていることを確認しました。

🌑 展開

教材を読み，まず主人公の僕と僕を取り巻く人との関係を整理します。そのうえで周りの人が僕に対してどのような思いをもって接しているのか，弱気になった僕が父親に一喝されて考えたことを挙げさせ，僕が焦りから周りの人たちの思いを受けとめきれていなかったことを明確にします。

発問をもとにグループで話し合わせたところ，「キャプテンとしてチームをまとめてほしいという期待があるにもかかわらず，それにも気づけずに僕は自分自身のことでいっぱいになってしまっている」「キャプテンとしての自覚が足りなかった」「チームを引っ張るということがどういうことなのかわかっていなかったのではないか」といった意見が出ました。

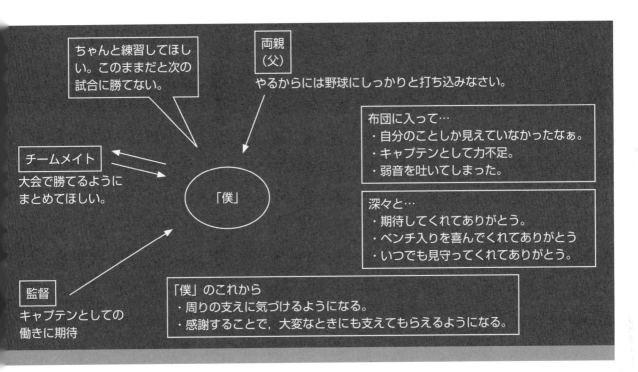

その後，最後の場面にあるチームメイトの2回の拍手それぞれに込められた思いと，僕が頭を深々と下げた理由とそのときに考えていたことを考えさせました。布団に入って考えた後，僕の練習にかかわる姿が変わりますが，それに伴い，チームメイトの僕に対する言動も変わるところから，拍手の意味につなげたいと思いました。

頭を深々と下げた理由については，自分の至らなさがあるにもかかわらず，見捨てずにいてくれたことや，こんな自分がベンチ入りすることを認めてくれたことについて感謝しているのだという意見が出ました。

最後には，この出来事を通して僕のこれからについて考え，自分の生き方とつなげられるようにしました。

● 終末

板書で示した人間関係とそれぞれの思いを確認しつつ，僕が最初気づかなかったことと後に見えるようになったことを振り返り，人が周りの人に支えられていることを気づけるかどうかが，どのように生き方に影響するかを考えさせました。

振り返りシートでは，「感謝の気持ちをもつには，いろいろな気づきが必要である」といった意見や「僕のように集団をまとめることの難しさはよくわかる。けれど，そういうときは焦ってしまい，周りが見えなくなってしまう。だからこそ，平常心が大切なのかもしれない」といった自分のこれまでの経験をもとにした意見も見られました。

(吉田)

▶ 内容項目：B-(6)思いやり，感謝

掲載教科書：東書／学図／教出／光村／日文／学研／あかつき／日科

月明かりで見送った夜汽車
真の思いやりについて考えてみよう

ねらい
I先生を慮って電気を消した仲間の先生たちを通して，思いやりの心をもって人と接し，多くの人々の支えや善意により日々の生活や現在の自分があることに感謝し，人間愛の精神を深めようとする道徳的心情を養う。

教材のあらすじと活用ポイント

　申し訳なさそうに文化祭の準備を途中で出たI先生が重荷に思わず出発できるように，乗っている夜汽車が学校の近くを通るとき，Y先生の提案でブレーカーが落とされ学校の電気が消されます。事の次第が校内放送で流されると，暗闇の中からオーという声と拍手がわき起こりました。I先生の実直な姿，それを慮るY先生の思いやりと仲間の先生たちの人間的な温かさがポイントとなってきます。オーという声と拍手は，いったい「なぜ」また「なに」に対して送られたのかということが発問の中心となり，真の思いやりについて考えていきます。

「特別の教科　道徳」の授業づくりのポイント

　I先生に対するY先生の心遣い，粋な振る舞いのもとを，クラスみんなで考え合うことが中心となります。そして，その場にいたみんなが感じた感動や人間的な温かさに共感し合えるといいと思います。前提条件として，I先生，Y先生を含む準備をしている先生方全員の文化祭の展示作品に対する真摯で誠実な姿勢があります。そして，互いに同じ思いを共有している同僚としての温かいつながりもあります。そこで，生徒たちをこの教材の世界に入り込ませる一つの方法として，文化祭を思い起こさせるという導入にしましたが，この人間的な温かい世界への誘いとして，多様な導入が考えられ，また工夫していくことが求められます。

評価のポイント

　授業中の発言や様子，また記述した振り返りシートをもとに，真の思いやりについて，自分自身とのかかわりで広い視野から多面的・多角的に考え，人間としての生き方について考えを深められるように適切に授業が構成されていたかを評価します。

本時の流れ

	○学習活動	●教師の手だて　◇評価　※留意点
導入	発問　文化祭での作品づくりでどんな工夫・苦労がありましたか。 ○文化祭での様々な場面を思い起こす。 ・いいものをつくろう。 ・独創的なもの。 ・作品の量と展示の仕方。	●文化祭の作品づくりや展示について工夫・苦労したことなどを思い起こさせる。 ※短く。
展開	発問　途中で出かけなければならないＩ先生は，どんな思いでいますか。 ○Ｉ先生の気持ちに共感する。 ・申し訳ない。 ・行きづらい。 ・早く終わってほしい。 発問　何に対して，オーという声と，拍手が起こったのでしょう。 ○真の思いやりについて多面的・多角的に考え合う。 ・Ｙ先生の粋な振る舞い。 ・Ｉ先生へのエール。 ・その場のみんなが気づけた喜び。	●Ｙ先生の粋な行動の意味をより深く理解するために，そのもとであるＩ先生の気持ちに共感させる。 ●真の思いやりについて，その場のみんなが気づき受け入れた場面をしっかりと考えさせる。
終末	発問　どうして胸がじいんとしてきたのだろう。 ○人間的な温かさを考える。 発問　今日の授業で考えたこと，学んだこと，発見したことを振り返りシートに書いてください。 ○今日の振り返りを書く。	●道徳的心情を豊かに醸成する。 ◇自己や他者の考えが書けているか。 ◇発見や深まりがあるか（配布／回収）。

準備物

- 発問提示短冊
- 挿入絵
- 振り返りシート

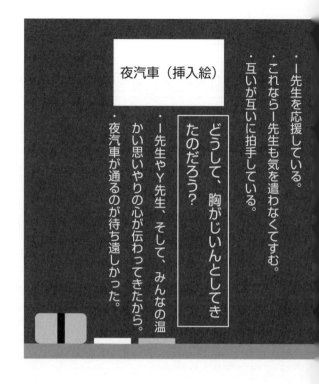

夜汽車（挿入絵）

- Ｉ先生を応援している。
- これならＩ先生も気を遣わなくてすむ。
- 互いが互いに拍手している。

どうして、胸がじいんとしてきたのだろう？

- Ｉ先生やＹ先生、そして、みんなの温かい思いやりの心が伝わってきたから。
- 夜汽車が通るのが待ち遠しかった。

本時の実際

● 導入

まずクラスのみんなに，文化祭での取組を思い起こさせます。その中で特に作品づくりでの工夫や苦労したことに焦点を当てます。

これは，作品に込められた熱く強い思いを思い起こし，作品に対する愛着を，この教材の中の先生たちも共有しているということを感じ取らせるためです。

そして，話の筋やシチュエーションへの接続をスムーズにすることにより，教材の中の人間的な温かさのある世界へ誘っていきます。子どもたちは，作品の出来栄えもさることながら，込めた思いや予想外の大変さを語ってくれます。

これで，後ろ髪引かれる思いのＩ先生への共感の準備ができたと言えます。

● 展開

途中でどうしても出かけなければならないＩ先生の思いを，「申し訳ない」「行きづらい」「みんなと一緒に最後まで残って生徒の作品展示をしたい」や他の先生のことを思い，「早く終わってほしい」などの発言が出てきます。

次に，この思いに深く共感し，粋な振る舞いをしたＹ先生に目が向きますが，ここでは「オーという声と，拍手」がなぜ起こったか，さらに「何に対する拍手なのか？」という発問により，真の思いやりについて，クラスみんなで考え合い，語り合うことになります。

「Ｙ先生のＩ先生への深い思いやり」「かっこいい粋な振る舞い」という発言などが続くと，「Ｉ先生へのエールだ」という発言も飛び出してきます。

月明かりで見送った夜汽車

文化祭での工夫・苦労
・いいものをつくりたい。
・独創的なものをつくりたい。
・作品を運ぶのが大変。

文化祭の準備
大規模校　作品の種類が多い。
　　　　　飾りつけは大変。

途中で出かけなければならないー先生は、どんな思いでいますか？

・みんなに申し訳ない。
・とても行きづらい。
・みんな疲れていると思うと迷う。
・残った先生の作業が早く終わってほしい。
・国体の集合に遅刻もできないし辛い。

電気が消される　暗闇の中放送が流れる

何に対して、オーという声と、拍手が起こったのでしょう？

・Y先生、やったね。賛成。
・格好いい。
・一緒に参加できて嬉しい。
・こんな方法があったんだ。

　そして、「誰が一番に拍手したんだろうね」というゆさぶりの発問をしてみると、「みんなが気づけた喜びで、互いが互いに拍手している」とまで飛翔していきます。

終末

　温かい人間愛に包まれた場が形成されていく世界を疑似体験しながら生徒たちは、視点を変えていきながら、真の思いやりについて、自分の心の奥深くで、多面的・多角的に考えて腑に落ちていきます。

　それを通して、道徳的心情を醸成していきます。

　最後には、自分の学びや発見を、振り返りシートに書き、さらに自己の考えを深めるための一里塚を造ることになります。　　（名和）

▶ 内容項目：B−（7）礼儀

言葉おしみ
言葉にそえて

掲載教科書：東書／学図／教出／光村／日文／学研／あかつき／日科

ねらい
作者が経験した，投げかける言葉と受けとめる言葉のやり取りの場面を通して，社会生活の中で礼儀の意義や役割を理解し，時と場所に応じた適切な言動をとろうとする態度を育てる。

教材のあらすじと活用ポイント

　本教材は３つのエピソードから成り立っています。１つ目は投げかけた言葉をさりげなく受けとめる「どういたしまして」という言葉の大切さがわかるエピソード，２つ目は都内の劇場でのあわただしい幕間でのトイレ待ちの中でかわされた「お先に」「どうぞ」「お待たせ」「いいえ」の言葉で場の雰囲気が和んだエピソード，３つ目は病院での待合室で名前を呼ばれてもまったく返事をしない状況と電車の中で席を黙ってゆずった人とゆずられた人で言葉が足りなかったためにその場の空気がおかしくなってしまったエピソード。

　いずれも日常生活の中で普通に見られる光景です。この３つのエピソードから，時と場に応じた適切な言葉遣いや行動の大切さについて深く考えさせることができる教材です。

「特別の教科　道徳」の授業づくりのポイント

　本時のねらいは，言葉の奥にある気持ちを考えることにありますが，導入で漫画を示すことによって，本時で何を考えるのか，生徒に明快に示せます。また，３つのエピソードについてロールプレイングを実施したいところです。特に３つ目の電車の中で作者が体験した場面を，「私」・男性・進行係・観察者と役割を決め，立場を変えて演技することによって，お互いに気持ちがわかり，あいさつや時と場所に応じた適切な言葉がいかに大切か実感すると思われます。

評価のポイント

　発問に対する反応や記入した振り返りシートの記述から，生徒が自分の体験を踏まえて自分のこととして考えていたか，他の生徒の発言を聞きながら，自分の考えがさらに深まったり，広まったりしているか，それらが実践意欲につながる授業になっていたかを評価します。

本時の流れ

	○学習活動	●教師の手だて ◇評価 ※留意点
導入	○漫画の意味を考える。 発問 漫画を読んで，言葉の奥にどのようなものがあるか考えてみましょう。	●あいさつは単なる形式ではなく，その奥に思いが込められていることに気づかせる。 ※日常生活における自らの言動を振り返らせる。
展開	○教材を読んで話し合う。 発問 「心づかいをわきまえた大人」とは，どんなことができる人のことを言うのでしょう。 ○意見交流をする。 ○電車の中で作者が体験した場面のロールプレイを行って考える。 発問 それぞれの役を演じてみてそれぞれの立場での感想を伝え合いましょう。 発問 3つの場面の返事やあいさつは，その場の雰囲気をどう変えたでしょう。 ○ワークシートに自分の考えをまとめ，意見交流をする。	●教材中の3つの場面から考えたことを発表するようにする。 ●必要に応じて補助発問する。 ●「私」・男性・進行係・観察者の役割を決め，演技を交代で行う。 ◇その場にふさわしい返事やあいさつの大切さに気づいた発言，記述などがあるか。
終末	○本時のまとめをする。 ・「返事」や「あいさつ」について，考えたことを書く。 ・今日の学習を振り返り，ワークシートに書く。	◇その場にふさわしい返事やあいさつの大切さに気づいた記述があるか。そして，今後の生活に生かしていこうとする意欲が見られるか。

準備物

・ホワイトボード
・水性ペン

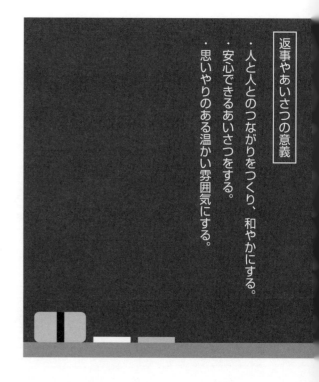

返事やあいさつの意義
・人と人とのつながりをつくり、和やかにする。
・安心できるあいさつをする。
・思いやりのある温かい雰囲気にする。

本時の実際

導入

本授業のテーマである礼儀の基本を考えるとき，あいさつが挙げられると思います。あいさつで大切なことは，単なる形式でなくその奥に思いが込められていることだと考えます。そこに気づいてほしいと思い，教材の冒頭にある漫画を見せて，言葉の奥にどのようなものがあるかを考えてみようと投げかけました。

すると「そんな意味があったとは考えたことがなかった」「声をかけ合うことによってお互いの気持ちが通い合える」「声をかけ合うことによってお互いの安否を確かめ合っている」というような生徒の反応が出てきて，本題に入れると思いました。

展開

まず，教材を範読し，発問に入っていきました。

一つ目に「『心づかいをわきまえた大人』とは，どんなことができる人のことを言うのでしょう」と発問したところ，「自分中心の考えでなく，空気が読める人」「相手の気持ちを察して言葉をかけられる人」というような反応が返ってきました。

次に，電車の中で作者が体験した場面での「私」・男性・進行係・観察者と立場の違う役割を順番で演技した後，それぞれの感想を伝え合ったところ，「相手に気持ちが伝わらない」「どちらにもいやな思いが残る」「相手のことを考えた言葉がけやしぐさが大切」というような反応が返ってきました。

次に，「3つの場面の返事やあいさつは，

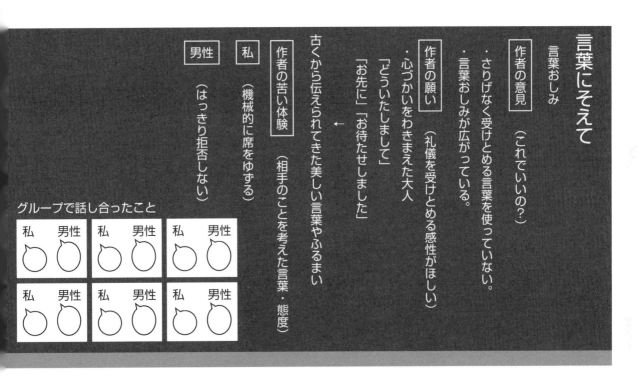

● 終末

本時のまとめとして、自分の日常生活を振り返り、体験の中から「返事」や「あいさつ」について考えたことについて書くことによって今後の生活に生かしてほしいと思います。

そして、最後に本時を振り返り、今日の授業で思ったこと、考えたこと、学んだことなどをワークシートに書かせて、授業を終了しました。

(鴨井)

その場の雰囲気をどう変えたでしょう」という中心とも言える発問をしたところ、「人と人とのつながりをあいさつによってつくることによって心を和やかにする」「あいさつで心をつなげることによってその場を思いやりのある温かい雰囲気にする」というような望ましい反応が得られました。

ここで、その場にふさわしい返事やあいさつの大切さに気づいた発言やワークシートの記述から、道徳的価値の理解、道徳的実践意欲の観点の評価につなげたいと思います。

▶ 内容項目：B−(8)友情，信頼

掲載教科書： 東書 学図 教出 光村 日文 学研 あかつき 日科

ゴリラのまねをした彼女を好きになった

相手の内面的なよさに目を向け，互いの人格を尊重し，高め合う友情を築こう

ねらい

僕の小林さんに対する視点を通して，異性との間でも互いの理解を深め，励まし合い，尊敬と敬愛の念をもって友情を築こうとする態度を育てる。

教材のあらすじと活用ポイント

　僕は職場体験で同級生３人と保育園に行きました。活動中，突然泣きだした子どもを，小林さんがゴリラのまねをして泣きやませました。後日，小林さんはそのことをからかわれ，恥ずかしがっていました。僕はとっさにみんなの前で小林さんをほめました。数年後，成人式で再会した小林さんからそのときのお礼を言われました。彼女は僕の言葉を宝物に，保育士を目指していると言いました。僕は彼女を今でも輝いていると感じるのでした。

　中学生の時期は異性への関心が強くなりますが，うまく関係がつくれないことがあります。異性・同性にかかわらず，友情を築き，ともに成長しようという気持ちを考えさせましょう。

「特別の教科　道徳」の授業づくりのポイント

　中学生時代は，友人関係で様々な問題が出てきます。尊敬の気持ちを素直に伝えることをためらったり，自分の意に反した行動をしたりすることによって相手を傷つけることもあります。この教材にはそういった場面が出てくるので，共感させながら考えることができます。

　僕がみんなの前で「小林さんのことすごいと思う」と言った言葉に注目させ，小林さんの何がすごいと思うのかをじっくり考えさせましょう。多様な意見が出ますが，最終的には「すごい」と思うことが尊敬や信頼につながるということを実感させ，友情について考えさせます。

評価のポイント

　グループでの話合いで出たキーワードをホワイトボード（画用紙）に書かせ，全員の考えをクラス全体で共有します。ワークシートにクラスメイトの意見などから学んだことを書く欄を設け，その記述から多面的・多角的な学びがある授業になっていたかを評価します。

本時の流れ

	○学習活動	●教師の手だて　◇評価　※留意点
導入	○中学校を卒業してから5年後の自分たちを想像する。	●成人式の写真を掲示し，成人式について説明する。成人式での自分の姿や友人の姿を想像させる。
	発問　中学校を卒業してから5年後，皆さんは何歳ですか。数年後の自分たちの姿を想像してみましょう。	
展開	○教材を読み，内容を振り返る。	●教師が範読後，登場人物を振り返る。
	発問　川崎くんに同意を求められ，「あ，ああ…」と言ってしまった僕はどんなことを考えていましたか。	
	○クラス全体で意見交流をする。	※「本当はすごいと思っていたのに，つい川崎くんに同意してしまった」「小林さんを傷つけてしまったかもしれない」などの意に反した行動を反省する気持ちを引き出したい。
	発問　「小林さんのことすごいと思う」と言った僕は，小林さんがゴリラのまねをした「何」がすごいと思ったのでしょう。	
	補助発問　小林さんがゴリラのまねをしたときの僕は，自分でそのときの自分のことをどう思っているのでしょう。子どもたちは小林さんのことをどう思ったのでしょう。	
	○ワークシートに自分の考えを書いた後，グループで話し合い，出た意見をすべてキーワードでホワイトボード（画用紙）に記入する。	●ホワイトボード（画用紙）にグループでの意見をすべて書かせ，意見交流が終わったら，それを前に持ってくるよう指示する。
	○クラス全体で話し合う。	●クラス全体でその意見を基に話し合う。
	切り返しの発問　（「ゴリラのまねをしたこと」という発言に）ゴリラのまねの何がすごいのでしょう。	
		◇ワークシートの「新たに考えたことやクラスメイトの意見などから学んだこと」を記入させる。
	発問　「あのとき，輝いていた」とみんなの前で言いながら僕はどんなことを考えていたでしょう。	
	○ワークシートに記入する。	●数名の生徒に発表させる。
終末	○教師の説話を聞き，ワークシートに「学んだことや自分を振り返って考えたこと，感想など」を書く。	●相手の内面的なよさに目を向けることの大切さや，同性であっても異性であっても，相手への尊敬と幸せを願う気持ちが大切であることを話す。

準備物

- ワークシート
- 成人式の様子を表す写真
- ホワイトボード（画用紙）
- グループ活動で使うペン
  （・マグネット）…画用紙の場合
  （・BGM用CD）…ワークシート記入時に
  （・終末で流すCD）…説話をしない場合
  （ケツメイシ「友よ～この先もずっと」は歌詞の中に友達の幸せを思う内容が出てきます。自分の周りの友達のことを思い浮かべながら聴いてみようと言ってCDを流し，最後にワークシートに感想を書かせて終わってもよいでしょう）

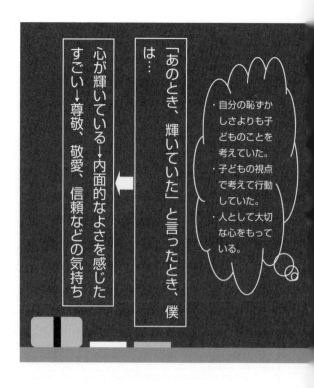

本時の実際

●導入

導入では，成人式を迎えた自分や仲間の姿を想像してもらいました。生徒たちは，5年後に成人式という事実に，「あと数年で大人なんだ。嫌だな～」「早く大人になりたい」など，口々に発言していました。

自治体によって成人式の実施方法が違うので，その地域での成人式について調べて話をしてあげると，生徒たちは興味を示します。

職場体験を終えた後であれば，感想を数名に発表させるのもおすすめです。保育園で体験した生徒がいれば，意図的に指名し，「大変だったことはありましたか」と尋ねると，子どもへの対応のことが出てくることが多いので，教材の内容につながります。

●展開

中心発問は，「『小林さんのことすごいと思う』と言った僕は，小林さんがゴリラのまねをした『何』がすごいと思ったのでしょう」です。補助発問として，「小林さんがゴリラのまねをしたときの僕は，自分でそのときの自分のことをどう思っているのでしょう。子どもたちは小林さんのことをどう思ったのでしょう。人として小林さんは何がすごいのだろうね」と投げかけると，生徒たちは小林さんのすごさを様々な視点から多面的・多角的に考えます。

ここでは，最初にワークシートに自分の考えを書かせてから，グループに分かれて自分の考えを発表し合います。その際，ホワイトボード（画用紙）にグループのメンバーの各自の考えをキーワードで書かせます。書き終

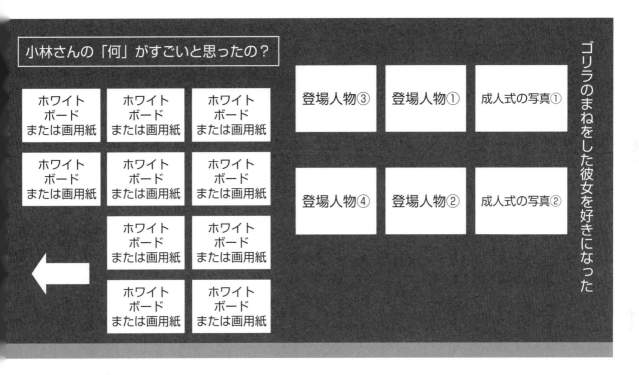

●終末

　筆者自身が本教材の作者なので,教材作成秘話を語りました。「実は,この話は実話ではありません。でも,きっかけとなる出来事はありました。自分の成人式のとき,小学校時代好きだった男子から『中学校時代,何事にも一生懸命だったよな』と言われて,本当に嬉しく,その言葉が宝物になりました。できれば中学校時代に言ってくれたらもっと嬉しかったのに…という思いを込めて書きました」生徒たちは盛り上がり,嬉しそうでした。早速,クラスの男子が「今日積極的に発言してすごいじゃん」と女子に言っているのを見て,微笑ましかったです。互いのよさに目を向け,互いの人格を尊重し,高め合う友情を築こうとする気持ちがふくらんでいくような話ができるとよいと思います。

（三浦）

わったグループから前に持ってくるよう指示し,掲示します。「話合いが終わったグループは,他のグループからどんな意見が出ているか見てごらん」と指示します。全グループ掲示が終わったところで,「気になった意見や詳しく聞いてみたい意見はありますか?」と投げかけ,それを書いた生徒に詳しく説明させたり,多かった意見を取り上げ,「～を書いた人?」と手を挙げさせたりしてクラス全体で深めていきます。

　最後に,小林さんのことを「あのとき,輝いていた」とみんなの前で言った僕の考えていたことをクラス全体で考え,尊敬,敬愛,信頼などの気持ちを押さえます。

▶ 内容項目：B−(8)友情，信頼

違うんだよ，健司
真の友情をはぐくむこと

掲載教科書

ねらい
友情は，自分が傷つくのを恐れるあまり，うわべだけで仲良くして一定の関係を築くというものではない。友達を心から信頼して互いに励まし合い，高め合い，友達のために自分ができることを考えて行動することであることを理解し，自己の友人関係を見つめ，よりよい友達関係を築かせる。

教材のあらすじと活用ポイント

　僕が耕平に対して適当に言動を合わせていることに対して，転校してきた健司は，「そんなのが友達といえるか」と言います。ある日，様子が変わった耕平を心配し，健司は3人で親戚の家に遊びに行こうと誘います。そこで3人は，初めて心を開いて語り合い，相手を理解するようになっていきます。

　友達とは言っても一緒にいるだけであり，表面上の会話を楽しみ，友達と同じことをして，同じ考えをもって同調することが，友達であるという考えをもつ生徒も多くいます。「お互いに適当に合わせた付き合いが最高」という言葉を取り上げて登場人物の言動に素直に共感しながら，真の友情について考えます。

「特別の教科　道徳」の授業づくりのポイント

　主人公の葛藤場面を取り上げて「それでいいのか？」を深めていきます。友情については，生徒それぞれいろいろな考えをもっていると考えられますが，日々の学校生活ではそのことを語り合う機会はあまりありません。登場人物の言動を通して，僕が健司と出会って変わっていく場面に共感的な視点をもち，友達についての考えを振り返りながら生徒同士が対話を通して深めます。

評価のポイント

　振り返りシートの記入から，友達についての多様な考えを共有し，自分自身を見つめ，よりよい友達関係を築こうとする授業になっていたかどうかを評価します。その後，内容を学級全体で共有し，学級経営にもよりよくつなげていくことが望ましいと考えます。

本時の流れ

	○学習活動	●教師の手だて ◇評価 ※留意点
導入	○「友達」について自分の考えを話す。 発問　友達は必要ですか。	
展開	○教材の登場人物の人柄や友達についての考えを確認する。 ○友達との付き合い方について考える。 発問　僕はどうして「お互いに適当に合わせた付き合いが最高」と思うのですか。 発問　「ぽつりぽつり…」耕平が話し始めたのはなぜ。 発問　「健司が大事なことを教えてくれた」健司が教えてくれた大事なこととは。 発問　本当の友達とはどのようなことを言うのでしょうか。 ○話し合う。 ○グループの考えを発表し交流する。	●板書で登場人物の関係をわかりやすく示す。 ※やや共感的に受けとめさせる。 ●補助発問　その考えをどう思いますか。 ●補助発問　耕平はどうしてお節介じゃないと思ったのですか。（必要な場合） ※間をおき，少人数グループで対話する。 ※適当に合わせるだけの関係，居心地のよいだけの関係が，本当の友達ではないことに気づかせたい。
終末	発問　今日の授業で考えたこと，思ったことはどんなことですか。 ○振り返りシートに記入する。	◇自分を省みて，互いに励まし合い，相談したり，言いたいことを言ったりできる信頼関係を築いていくことや友達のために何かできることはないかを考え，行動することの大切さを深めることができたか。

準備物

・振り返りシート

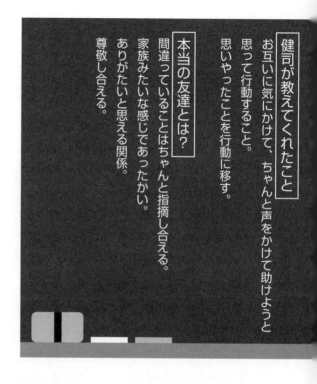

健司が教えてくれたこと
お互いに気にかけて、ちゃんと声をかけて助けようと思って行動すること。
思いやったことを行動に移す。

本当の友達とは？
間違っていることはちゃんと指摘し合える。
家族みたいな感じであったかい。
ありがたいと思える関係。
尊敬し合える。

本時の実際

💗 導入

教材は事前に配付し，登校後の朝の時間に全員が読んでいます。

「友達は必要ですか」を問うと，全員が必要に手を挙げました。

「なぜ，必要ですか」と聞きました。

いないと寂しい，いないと困る，自分の足りないところを補ってくれるから，など様々な意見が出されました。

「いろいろあるけどみんなは友達が必要なのですね」から授業が始まりました。

💗 展開

主な登場人物である，僕・耕平・健司3人の少年の関係と人柄や友達についての考えを確認しました。板書をしてわかりやすく3人の関係と特徴を共通理解します。

発問「僕はどうして『お互いに適当に合わせた付き合いが最高』と思うのですか」では多くの生徒が共感するようでした。面倒くさいことが起きない，楽だからいい，嫌われたくないからなどの反応です。「嫌われたくないから」の発言に，空気が少し変わりました。

積極的な健司は耕平を誘い，3人で盆踊りに出かけます。

耕平がぽつりぽつり自分のことを話し出した理由を問いました。

健司と僕が自分のことをわかろうとしていたから，おばあちゃんと自分の祖母のことが

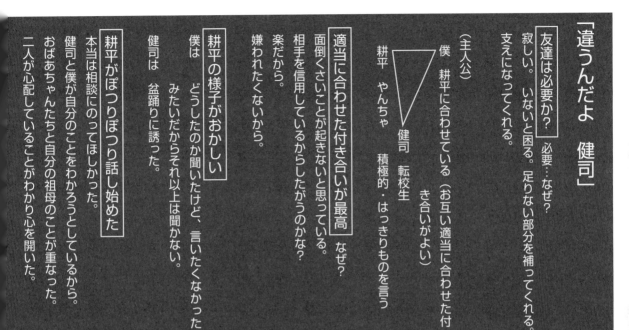

● 終末

発問「本当の友達とは…」の意見交流を経て、個人に返す意味で振り返りシートに記入するようにしました。

何でもかんでも肯定することは楽だけど、本当の友達なら、自分の大切な存在ならそういう接し方は失礼だと思うし、相手のことを考えた行動をすべきだ。尊敬し合えることが大切。相手を思うだけでなく、行動することが大切。改めて「友達は大切だなあ」と思った。友達はいてもいなくてもいいけどいたら人生が豊かになる存在だと思った。相手から見て、自分も本当の友達だと思われるような人になりたいと思った。など一人ひとりが自分の身近な友達のことを思ったり、新しい考えに気づいたりして自分に返していたようです。

(重野)

重なった、2人が心配してくれていることがわかったから、などの発言がありました。

次に発問「健司が教えてくれた大事なこととは」を問うと、お互いが気にかけて、ちゃんと声をかけて助けようと思って行動すること、思いやったことを行動に移すこと、などの意見が話し合われました。

中心発問「本当の友達とは…」を問うと、寂しいときにいた方がいいのではなく、お互いに尊敬できることが大切、信頼して信頼されること。そのためにも思ったら行動するのが友達。など小グループでの話合いも、健司が教えてくれたことから一生懸命に話し合っていました。

思うことは誰でもできます。だから行動することが大切です。友達だからこそ本音や本気でやれるのでは？などが挙げられました。

▶ 内容項目：B-(8)友情，信頼

合格通知
情報モラルと友情

掲載教科書：東書／学図／教出／光村／日文／学研／あかつき／日科

ねらい
SNSを使用するときの注意点を考えることを通して，友情の在り方について考え，友達と信頼し合いながらよりよい人間関係を築いていこうとする態度を育てる。

教材のあらすじと活用ポイント

　東学園高校に合格した舞は，喜びのあまり親友の美穂にスマホで撮影をした合格通知とメッセージを送りました。これを受け取った美穂は，舞から送られてきた写真にコメントをつけてSNSに投稿してしまいます。翌日舞は，同じ高校に不合格だった隆から「少しは人の気持ちを考えろよ」と言われます。隆は，美穂がSNSに投稿した写真とコメントを見たのでした。その後，舞はアップしたSNSを隆が見たことに気づき，隆を傷つけたことと美穂が自分の合格を喜んだあまり投稿したことを思い，頭をかかえこんでしまいます。SNSを介したトラブルを通して，よりよい友達関係の築き方について考えさせたい教材です。

「特別の教科　道徳」の授業づくりのポイント

　「SNSに投稿するときに気をつけること」「友達との関係をよくするために必要なこと」について，まず一人で考えた後，班になり，できるだけ多くの意見を聞くようにします。このときには，一人ひとりが自分の考えをもとに，他の生徒の考えを聞いたり，深めたりすることが大切です。この授業では，SNSに投稿することについてだけでなく，「よりよい友情を育てるためにはどういうことが必要か？」について自分の考えをもてるようにしたいところです。

評価のポイント

　ワークシートや班での話合い，全体での発表を通じて，自分の考え，意見をしっかりもち，発表し，他の人の意見や考えに耳を傾けているか。そして，自分の考えを深められる授業になっていたかを評価します。また，よりよい友情を育てていくために何が必要か深く考えているかについても評価します。

本時の流れ

	○学習活動	●教師の手だて　◇評価　※留意点
導入	○友情を育てるときに大切だと思うことについて考える（あらかじめアンケートをとっておいてもよい）。	※確認をする程度にし，時間をかけないようにする。
	発問　友情を育てていくために，大切なことは何でしょうか。	
		●友情について聞き，ねらいが友情について考えることであることを意識させる。
展開	○教材を読む。	●範読する。 ●3人の気持ちを板書で確認する。
	発問　舞は，両手で頭をかかえこんで自分の席に座っているとき，どのようなことを考えていたのでしょうか。	
		※隆は舞が自慢したと誤解し，美穂は心から舞の合格を喜び，SNS に投稿した。舞はどうすれば以前のような美穂との友情，信頼関係を築くことができるかについて，生徒に考えさせたい。
	発問　SNS に投稿するときに気をつけることはどういうことでしょう。	
	○ワークシートに自分の考えを書く。 ○3～4人の班になり，意見交流をしてホワイトボードなどに記入する。記入したものを，黒板に掲示する。 ○班ごとに発表をする。	●他の人の意見を聞き，新たに気がついたことを記入するように話す。 ◇自分の意見を発表し，他の人の意見をよく聞いているか。
	発問　舞と美穂が今までのように友達でいられるためにはどうすればよいのでしょう。	
	○班で意見を出し合い，班ごとに発表する。	●班で多くの意見を出し合い話し合うように話す。
	発問　友達との関係をよくするために必要なこととはどういうことでしょう。	
	○自己を見つめ，自分の生活を振り返りながらワークシートに書き，班で意見交流をする。いくつかの班が発表する。	◇自分の意見を話し，他の人の意見をよく聞いているか。友情の在り方について考えているか。
終末	○本時の振り返りを行い，今後の生活に生かしていくようにする。	●時間があれば，何人か発表をする。時間がなければ，教室に掲示したり，通信にまとめて配付したりする。
	発問　本時で学んだこと，今後の生活に生かしたいことをワークシートに書きましょう。	
		◇友情を築いていくうえで何が大切かについてよく考えているか。

準備物

- ワークシート
- 班の意見をまとめて書くホワイトボードまたは画用紙
- ホワイトボードまたは画用紙に書くホワイトボードマーカー，マジックなど
- 画用紙などを黒板に貼るための磁石

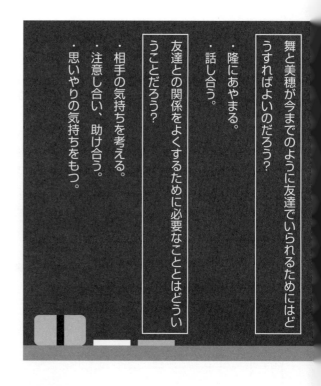

舞と美穂が今までのように友達でいられるためにはどうすればよいのだろう？
- 隆にあやまる。
- 話し合う。
- 友達との関係をよくするために必要なこととはどういうことだろう？
- 相手の気持ちを考える。
- 注意し合い，助け合う。
- 思いやりの気持ちをもつ。

本時の実際

● 導入

まず，友情を育てるときに大切だと思うことについて発表しました。これは，生徒が友情についてどう考えているか理解するためです。「困ったとき，助けること」「いつも相手のことを気遣うこと」「思いやりをもって接すること」などが挙がりました。このことについて，事前にアンケートをとると，さらによく考えた内容が出て，このことは生徒が関心をもち，考え悩んでいることでもあることがわかると思います。SNSのことではなく，導入で友情を取り上げるのは，ねらいが，「よりよい友情を育てるために必要なこと」を考えることであるからです。

● 展開

友情を築くうえで大切なことを考えた後で，教材を読みます。隆に「少しは人の気持ちを考えろよ」と言われた舞は悔しい思いをします。後で，美穂がSNSに自分が知らないところで投稿したことに，怒りを感じます。そこで，これからどうすればよいか悩み，頭をかかえます。ここで，生徒には美穂が舞の合格を喜ぶあまり軽はずみに投稿したことに気づかせ，友情をよりよいものにするために，どうすればよいかについて考えさせたいと思います。

次に，SNSへの投稿について気をつけることについて発表させます。まず自分で考えて班で話し合い，班ごとに発表させます。発表は，ホワイトボードなどを使ってわかるようにしました。「投稿する前に傷つく人がい

合格通知

舞の合格通知

合格通知書

あなたは，東学園高校に合格しましたので，通知いたします。

↓

美穂がSNSにアップ

↑

隆「人の気持ちを考えろよ」

舞は，両手で頭をかかえこんで自分の席に座っているとき，どのようなことを考えていたのだろうか？
・どうしよう。
・美穂は自分の合格を嬉しいと思ってくれたのだ。
・隆に人の気持ちを考えない人だと思われた。

SNSに投稿するときに気をつけることはどういうことだろう？

（ホワイトボードまたは画用紙 × 8）

ないかよく考える」「多くの人が見るので個人情報に関するものは投稿しない」などが出て，生徒は，軽はずみな投稿の怖さに気がついたようでした。

そして，舞と美穂が今までのように友達でいられるためにはどうすればよいかについて考えさせました。「隆には謝り，2人でよく話し合い，これからもお互いに注意し，高め合える関係を築く」などが出ました。そして，「友達との関係をよくするために必要なこと」について，まず自分の考えを書き，班で意見交流をしました。「相手の気持ちを考える」「失敗したときでも注意し合い，助け合う」「思いやりの気持ちをもつ」などが出ました。

● 終末

最後に自分の生活を振り返り，本時で学んだこと，今後生かしたいことについて，ワークシートに書きました。

「SNSが友情を壊すことがある。友情を大切にするためにも個人情報などは載せないように気をつけたい」「友達関係については，いろいろと問題が起きてくるだろうが，それを乗り越えてお互いに信頼できる友達になれるように努力したい」などということを書いていました。

（山田）

▶ 内容項目：B－(9)相互理解，寛容

掲載教科書：東書／学図／教出／光村／日文／学研／あかつき／日科

恩讐の彼方に
「寛容の心」をもつとは？

ねらい

贖罪のために難事業に取り組む僧と，彼に復讐を企てる若者を描いた小説を通して，「寛容の心」とはどんな心なのかを考えさせ，他者に対して寛容な心をもち，理解し合おうとする道徳的心情を育てる。

教材のあらすじと活用ポイント

1919年に発表された菊池寛の小説を原作とした読み物教材です。主殺しの大罪を犯し，その後も悪行を重ねたが，罪深さにいたたまれず出家した了海は，絶壁を掘り抜いて隧道を造り，人々を救おうと決心します。一方，父を了海に殺された実之助は，敵である了海を討とうとするのです。しかし，人々を救おうとつちを振るい続ける了海の姿に，次第に実之助の心は変化していきます。2人の姿から，寛容とはどんな心なのかを考えることができる教材です。

本教材は長文資料であり，難解な語句も多いため，授業前にあらかじめ読ませておくなどし，読み取りに時間をとられない工夫が必要です。また，「寛容の心」を深く見つめさせるために，実之助の心に焦点を当てて考えさせることが活用ポイントとなるでしょう。

「特別の教科　道徳」の授業づくりのポイント

罪を償おうとする了海や，了海の偉業を認め感じ入る実之助の姿から人間として生きることの喜びについて考えさせることができます。それらの状況を，2人になりきって心情や判断に至る葛藤を模索していきます。このとき，「寛容の心」に焦点を当てて読み深めるためには，特に実之助の立場で考えさせることで自我関与を促し，自分との深い対話を促すことができるでしょう。寛容にねらいを定めながらもよりよく生きる喜びについても考えを深めていきます。

評価のポイント

「寛容」の意味を授業の前後で確認できるように振り返りシートを活用し，価値理解がどのくらい深まったかを評価するとともに，そのことと自分自身とのかかわりでどう考えたかを学級全体で共有していける授業であったかを評価します。

本時の流れ

	○学習活動	●教師の手だて ◇評価 ※留意点
導入	○「寛容」の意味を確認し，誰かを許した経験や，許せなかった経験を振り返る。 ○「寛容」とは，どういうことでしょう？ ・相手を受け入れること。 ・相手を許せる広い心があること。 ○誰かを許した経験や，許せなかった経験を振り返ってみましょう。 学びのテーマ 「寛容の心」とは，どんな心なのでしょう。	●本時の「学びのテーマ」への方向づけをする。 ●言葉の意味を考えのよりどころになるようにしておく。生徒から出にくい場合には，教師から辞書的な意味を提示する。 ※「許す」という生徒の言葉を取り上げたいが，おそらくは「許せなかった」場合が多いと考えられる（自身の経験として捉えさせることが肝要）。
展開	○教材を読んで考える。 発問 洞窟で了海を見つけたとき，実之助はどうしてそこで敵を討た（討て）なかったのでしょう。 ○敵討ちの状況を確認するとともに，実之助の心情に迫る（実之助から見た了海の姿・生き様）。 ○意見交流をする（多面的・多角的な見方・考え方）。 発問 実之助が敵である了海の手を取り，「全てを忘れ，ただただ感激の涙を流し合」うことができたのは，どうしてでしょう。 ○実之助にとっての「隧道完成（偉業への畏怖）」「了海の存在（絆）」「恨みを抱えて生きることの辛さ」「寛容の心」「尊敬の念」などについて多角的に意見交流をする。	※付録DVD収録の「朗読」を活用してもよい。 ●つちを振る了海の姿を見た実之助の心を捉えさせる。了海や石工，実之助自身に向けられた思いについて多角的に考えさせる。 ●「実之助が戦慄を覚えたのはなぜ」と補助発問をすることで，了海と実之助の対照的な姿を捉えさせる（教科書p.161「既に仏心を得て～戦慄を覚えた」に着目させるとよい）。 ●月日が流れる間も，了海のひたすらな姿に心を動かされ，真夜中にも2人並んで黙々とつちを振っていたことを押さえる。 ※時間があれば，「実之助の涙の意味」「『全てを忘れ』たことで，実之助が得たもの」を問うことで「寛容の心」をもつ意義について考えさせたい。
終末	発問 「寛容の心」とは，どんな心なのでしょう。 ○〈定義〉・復讐心にとらわれず，相手を受け入れ，尊重できる広い心。・相手の過ちや嫌な部分，恨みなどを引きずらずに，よりよい関係を築ける。 ○〈意義〉・対立や憎悪を断ち切り，自分の見方・考え方を広げられる。 ○「私の気づき」に記入する。	●「寛容の心」について，自分なりに定義づけさせる。また，その心が自分にもたらすものについても考えさせる。 ●主体的・対話的な学びを促進するために，個人思考・グループ討議を適宜取り入れる。 ●授業で学んだこと，考えたことなどを一言記述させる。

準備物

- DVD「朗読」
- 場面絵
- 振り返りカード「私の気づき」

○「全てを忘れ、ただただ感激の涙を流し合」うことができたのはなぜ？
・了海を敵としてではなく、仲間（同志）として見ることができるようになったから。
・恨みよりも、尊敬の念が勝（まさ）ったから。

本時の実際

💠導入

「寛容」の意味を全員で確認することで、「学びのテーマ」について考えていく際のよりどころを築いておきます。学びのテーマ（学習のめあて）を設定することは「道徳科」の授業の中で、今後頻繁に登場する形式の一つだと考えます。その中で、生徒から「許す」という視点が出る場合はあまりないと考えられます。どちらかというと、「許せなかった」という視点からの発言が多いと考えられますが、どちらにせよ、「そのときのことを振り返ってみましょう」と投げかけることで、「寛容の心」について、自分自身とのかかわりで考えていけるように留意します。

💠展開

発問に入る前に、付録DVD収録の「朗読」を活用し、教材を静かに味わわせました。イメージを高めるためです。

次に、発問をもとに、グループで話し合わせた結果、「了海の姿に心を打たれたから」「石工たちの願いの意味が理解できたから」「仏心をもつ了海の姿に自分自身が恐ろしくなったから」などの意見が聞かれました。このときに最も留意したのは、生徒たちの思考が実之助からずれないようにコーディネートすることでした。

その後、和解の理由を問う中心発問をすると、「実之助にとっての隧道完成の意義」「2人の間に築かれた絆」「畏敬・感激・感動・尊敬」等々にかかわる様々な視点からの意見が聞かれました。

◎「寛容の心」とは、どんな心なのだろう？

- 相手を受け入れる。
- 相手を許せる。
- 相手の過ちや嫌な部分、恨みなどを引きずらず、よりよい関係を築こうとする心。
- 優しい心。
- 広い。
- やさしい。
- 自分にはないところを認める心。

挿絵 了海の顔 p.160

人を救おうとする仏の心（仏心）
罪を償いたい（贖罪）
人として生きたい

○実之助が了海を討った（討て）なかったのはなぜ？
- 了海の姿に心を打たれたから。
- 石工（村人）たちの願いがわかったから。
- 自分が恐ろしくなってきたから。
- 了海の生き方に感銘を受けたから。
- 本当に討っていいのか？
- 人々のため vs 個人の恨み

↕

挿絵 実之助の顔 p.161 → **挿絵 手を取る2人 p.163**

憎しみの心
何としても父の敵を了海憎し殺したい

涙（強い絆）
- 隧道完成（大願成就）を果たした喜び
- 二人で成し遂げたこと（仲間意識）
- 強い絆
- 了海への尊敬・感動・畏敬の念。
- 達成感（人々の役に立てる）→今後も。
- 生きる喜び（恨みや憎しみではなく）。

● 終末

　学習の最後には振り返りカードを書かせることが多いですが、努めて教師の説話などは控え、生徒自身が考え、学んだことを中心に書かせます。価値の押しつけを防ぐためであります。すると、学習中には主に実之助の視点から考えていた生徒が、一転了海の立場からも考えを述べる生徒がいました。隧道完成に関して、「ほんの少しでも罪を償うことができた喜び」「敵討ちを待たせてしまった申し訳なさ」「それでも消えることのない罪の重さ」を抱えながら、潔い言動をとった了海に、実之助は心ゆさぶられたのではないかという意見です。また、自分なら「どうしても許せない」とする理由を面々と綴る生徒もいましたが受容しました。

　そして、時間的余裕があったために、「『全てを忘れ』たことで実之助が得たもの」について問うたところ「了海の偉業達成に立ち合えたことで、積年の恨みを忘れるほどの『生きることの喜び』に気づくことができたのではないか」といった意見が聞かれました。

　最後に、「寛容の心」について個人思考と集団思考を促しました。生徒からは、様々な視点から「対立や憎悪を乗り越えることができる強い心」「自分にも犯す可能性があることに気づける力」などの意見から、「『寛容の心』の意義を深く考えられ、これからの生き方に生かしていきたい」という意見に収束しました。

(淀澤)

▶ 内容項目：C－(10)遵法精神，公徳心

二通の手紙
規則のもつ意味を深く考えよう

掲載教科書

東書	学図	教出
光村	日文	学研
あかつき	日科	

ねらい
入園係である元さんが自らの意思で職を辞する判断をした理由から，動物園の規則がもつ様々な側面を深く考えることを通して，規則を進んで守るとともに，自他の権利を大切にし，義務を果たして規律ある安定した社会の実現に努めようとする道徳的実践意欲と態度を育てる。

教材のあらすじと活用ポイント

いつも動物園を眺めていた幼い姉弟がある日，弟の誕生日なのでどうしてもキリンを見せたいと必死に訴えます。元さんは姉の思いを受け特別に入園を許可してしまいますが，閉園時間を迎えても姉弟は現れません。池のほとりで遊んでいる2人を見つけ，事なきを得ますが，その後2通の手紙が届きます。この手紙によって，元さんは自らの意思で動物園の職を辞します。

この教材を活用して遵法精神に迫るためには，留意すべき点があります。1つ目は，日本の動物園では未就学児だけの入園を安全管理上認めていない実情を踏まえ，「入園させるべきか，させないべきか」という問いがあり得ないこと，2つ目は，規則のもつ性質を踏まえると「温かな規則破り VS 冷たい規則順守」という対立教材でもないことを踏まえることです。

「特別の教科　道徳」の授業づくりのポイント

本来辞める必要のない元さんが自らの意思で職を辞する理由を探ることから，遵法精神の道徳的価値そのものに迫っていきます。特に元さんの言葉「万が一事故にでもなっていたらと思うと…」の「…」の部分を考え，感情を込めて表現します。元さんの気づき，発見，自覚などをホワイトボードに記し，他者との対話を通して規則のもつ様々な側面に迫っていきます。

評価のポイント

元さんの「…」を4人グループで再現し，その交流場面の様子のよい点を見取ります。また，中心発問に対する自己の考えをホワイトボードに記してその内容のよい点を見取り，さらに，ホワイトボードに共感する意見に緑マグネット，もっと聞きたい意見には青マグネットを置かせ，生徒間の相互評価の様子のよい点を見取るような授業であったかを評価します。

本時の流れ

	○学習活動	●教師の手だて ◇評価 ※留意点
展開	○教材の特質をつかむ。	●どんな事件が起きたか，この話の問題は何か，元さんが出した結論は何かを，ICTで表示し確認する。
	おさえ　どんな事件が起きましたか。この話の問題点は何ですか。元さんが出した結論は何ですか。	
	○元さんの思いに迫る。 ○小グループに分かれ，再現化を図る。	※本授業では，問いは多面的・多角的に道徳的価値そのものを問うものとし，事実確認は「おさえ」としている。 ●元さんの言葉をICTで表示し，「…」の部分を考える。 ●感情を込めて表現する再現化を行う。
	発問　元さんの言葉「万が一事故にでもなっていたらと思うと…」の「…」部分を考え，感情を込めて表現し，その理由を説明してください。	
		◇再現化の様子，グループ討議の様子のよい点を見取る。
	○元さんの気づき，発見を考える。	●元さんの気づき，発見から，規則のもつ様々な側面に気づかせる。
	発問　元さんが気づいたことは何でしょう。	
	○ホワイトボードに記す。 ○生徒間の相互評価を行う。	※ホワイトボードには氏名を明記し，全意見を黒板に掲示する。 ●共感する意見には緑マグネット，もっと考えを聞きたい意見には青マグネットを置かせる。 ◇他者の意見に受けとめようとする姿勢，マグネットを置く判断の様子のよい点を見取る。
終末	○教材を読む。	●「什の掟」をICTで表示する。
	発問　入園規則は何のためにあると思いますか。	
	○振り返りシートに記入する。	◇自己の思いに基づいて，振り返りシートへの記入を促す。

準備物

・ICT 機器
・振り返りシート

『二通の手紙』

● 「万が一事故にでもなっていたらと思うと…」の「…」の部分を考えよう！

・俺はバカだった。
・動物園の職員として失格だ。
・動物園は信頼を失って，閉園に追い込まれたかもしれない。
・お母さんに何てお詫びしたらいいのだろう。
・入園規則を軽く考えてしまったよ。
・入園規則を改めて考えることができました。

本時の実際

● 展開

範読後，教材内容「この話は，元さんが二通の手紙を読んで，自らの意思で職を辞した話です」という短文をICTで表示しました。

そのうえで，事実確認のため「起きた事件は何か」「元さんの問題は何か」「元さんの出した結論は何か」を明確に押さえました。これは，幼い姉弟の命を危険に晒した事実から，入園規則は変えることができない規則であることを押さえるとともに，考え，気づき，再発見した動物園の職員としての責任についても考えが及ぶようにするためです。

これらを踏まえたことで，この教材が単に「温かな規則破りVS冷たい規則順守」の対立構図ではないことを理解し，規則そのものがもつ特性に目を向けることができました。

4人1組グループに分かれ，元さんの言葉「万が一事故にでもなっていたらと思うと…」の「…」の部分を考え，感情を込めて表現する再現化を行いました。生徒からは「動物園の職員として失格だ」「信頼を失い，閉園に追い込まれたかもしれない」といった後悔，反省に満ちた意見に加え，「入園規則を改めて考えることができました」という理解を深めた考えを，生徒自身が元さんになりきった状態で言葉を発していました。

中心発問「元さんが気づいたことは何でしょう」についての考えをホワイトボードに記しました。自分自身の甘さ，母親への謝罪，動物園職員としての責任，動物園そのものの存在など，入園規則とは何か，これからの生き方など，広い視野から多様な考えが記されていました。共感した意見には緑マグネット，もっとその考えを聞いてみたい意見には青マ

元さんが気づいたことは何だろう？

自分の考えの甘さ	動物園の職員としての責任	動物園そのものの存在	お母さんと子どもたちに，きちんとお詫びしなければならないこと
入園規則がもついろいろな意味	入園規則がもっていた温かさ	入園させることが本当の思いやりではなかったこと	これからの自分の生き方

グネットを置くため，他者の意見を食い入るように見ていました。マグネットの結果を活用し，対話を繰り返したことで，特に入園を肯定する意見をもっていた生徒も規則のもつ温かな側面に気づき，元さんの出した結論に納得していました。

● 終末

「什の掟」を提示し，そこからから，古くからある社会規範が人々に尊重されてきたことを伝えました。

振り返りシートでは，「入園規則は何のためにあるのか？」という問いに，「来園者の命を守るためのもの」「来園者の笑顔を守るためのもの」といった規則のもつ温かな側面を理解した表現が多数出てきました。授業を受けた感想の記述では，「規則は守るのが当然で，深く考えたことはなかったけど，今日の授業を受けて規則には温かさもあるんだということを，改めて深く考えることができて新鮮でした」といった意見が出ていました。

（磯部）

▶ 内容項目：C−(10)遵法精神，公徳心

闇の中の炎
弱い自分を引きとめるものはなんだろう？

掲載教科書：東書／学図／教出／光村／日文／学研／あかつき／日科

ねらい

主人公の「自分を裏切らない」という自尊心を取り戻す姿を通して，きまりの意義を理解し，自律的に捉えてきまりを遵守しようとする道徳的判断力を養う。

教材のあらすじと活用ポイント

　主人公の理沙は，美術コンクールに出す作品の構想がまったく浮かびません。下絵提出の締め切り前夜，本棚の画集にあった版画を模写して下絵を提出しましたが，理沙の心は晴れません。友達の悩みとして相談した父親の「自分がだめだと思ったらだめ」という言葉が理沙の胸に響きます。中学生は「きまりだからそれにしたがう」という考え方から，「ルールを破ってもバレなければよい」という自己中心的な考え方に変化していく段階です。そこから「そのルールの意味を理解して尊重する」という自律的な段階に進むために，この教材を活用することができます。

「特別の教科　道徳」の授業づくりのポイント

　本教材では，芸術作品を創るということを題材に「全部まねしたわけじゃない。ヒントをもらっただけ」と自分に対する言い訳をしながら悩む中学生が主人公です。友達の話として相談した父親の誰かが許しても，「自分がだめだと思ったらだめ」という言葉が主人公が道徳的に変わるきっかけになっています。

　自分にとってのやってはいけない線引きの基準について，自分自身の問題と捉え，その基準は自分が何に価値を見いだしているか？にかかっていることについて，話合いという活動で多角的に考えることによって，道徳的実践力を高めることができます。

評価のポイント

　ワークシートをもとに，きまりに対しての守る・守らないの線引きが，他律や損得から，自分自身の自尊心や相手の権利を尊重する気持ちなどに変化する授業であったかを評価します。

本時の流れ

	○学習活動	●教師の手だて　◇評価　※留意点
導入	○自分の中の「きまり」に対する基準を考える。	●生徒はワークシート（番号だけ書かれたもの）にマークをつけていく。
	発問　次の中で「あまり罪悪感を感じずにしてしまう」には○，「罪悪感を感じつつしてしまうかも」には△，「自分は絶対にしない」には×を書きましょう。 ①宿題を忘れて友達に写させてもらう。　②うその言い訳で部活を休む。 ③教室に落ちていたお金を自分のものにする。　④先生によって態度を変える。	
		●およその数を集計して発表した後，本時のねらいである「線引き」に触れる。
展開	○第二部分までを読む。	※第一部分「心は弾んだ」までの時点で，理沙の行動は，導入の○△×ならどれに当てはまるかを考えさせてもよい。
	発問　締め切りが迫っているのに，理沙の筆を持つ手が止まりがちになるのはどうしてでしょう。	
	○最後まで読む。	●個人で考えてから発表させる。 ※「全部まねしたわけじゃない」と自分に言い訳をしても，本当は「だめだ」とわかっていることに気づかせたい。
	発問　理沙は，どういう気持ちで父に相談したのでしょう。	
		※自分を正当化するための他人からの評価をほしがっていることに気づかせたい。
	発問　「自分がだめと思ったらだめなんだ」とはどういう意味なのでしょう。	
		●4人程度の小人数のグループで「小学生にもわかるように」具体例を挙げながら説明できるように話し合わせる。 ●話合いの結果は，前に出て発表するようにする。 ◇きまりを守ることの意義について，考えを広げようとしているか。
終末	○ワークシートに記入する。	
	発問　自分に言い訳したくなったときにはどうしたらよいのでしょう。	
		◇話し合って理解したことを，自身の問題として考えようとしているか。

準備物

・ワークシート

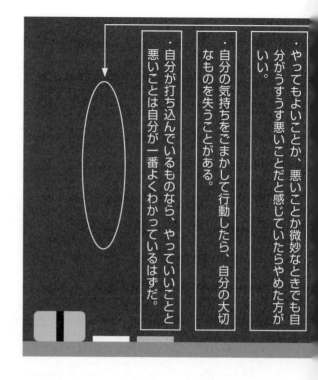

本時の実際

🔴 導入

　導入は、学習前の自分の「基準」を再確認するための発問です。①はルールを破ることによって人の努力（本文で言えば、版画の作者の努力）を奪う例、②は本来自分が好きで努力している積み重ねを自ら裏切ろうとしている例、③は相手が困ることを想像できない例、④はそのことが自分に対してマイナスになるのに気づかない例です。実際の授業ではもう少し例の数を増やしてみました。

　③を外すのなら、グー・チョキ・パーを一斉に挙げて、自分と周囲の考えの違いに気づかせる活動を行っても面白いと思います。

　この教材では他人にバレないかということではなく、自分の自尊心が線引きだということに気づかせたいので、線引きを意識させる導入にしたいと考えました。

🔴 展開

　割と長い文章なので、いちいち発問をはさんでいっては、中心発問に辿り着くまでに時間がかかりすぎます。それで、指導案では「第二部分までを読む」としましたが、第一部分を読んだ後で、発問とは言えない「教師のつぶやき」をはさみました。教師のつぶやきをはさむためには、教卓のところで範読するのではなく、ゆっくり歩いて教室の真ん中で立ちどまって読むくらいにします。

　第一部分まで読んだとき、生徒は「何か、引き返せないよくないことが起きるのではないだろうか？」と感じているので、教師が読んだ後、少し間をとっただけで「ありゃー」「ダメじゃん」などの言葉を発します。それに対して、「導入のときに○△×をやったけど、これ、どうかな？」などとつぶやいてみ

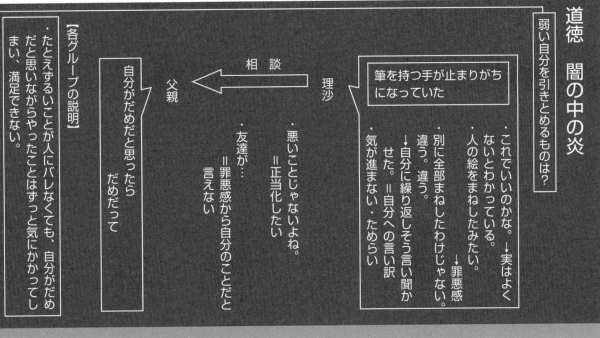

ます。実際は△や×が多いのですが、「これはパクリじゃなくて、リスペクト」「インスパイア」など、ニュースで知った大人の言い訳言葉を使ってくることもあります。それが現代社会の問題であり、この学習はそういうことを考えさせるチャンスでもあると思います。

中心発問に至るまでの展開の2つの発問は、理沙のゆれる気持ち、自分でだめだとわかっているからこそ、言い訳して人に肯定してもらいたい気持ちが高まってきていることを、生徒に理解させるための発問です。個人でじっくりと考えさせる時間をとるとよいと思います。中心発問は、小グループで話し合う形です。本当に言葉の面だけでなく、理解できているかを確認するために「小学生にもわかるように」という条件をつけます。

● 終末

終末では、展開で理解できた「自分を裏切らない」という自尊心があれば、きまりを守ることができるのだという道徳的価値を、自分自身のこととして捉えられるかどうかが焦点になります。

なかなか考えが浮かばない生徒に対しては、導入の例に立ち返るような補助発問が効果的です。自分がルールを破ることによって、関係者が困ったり傷ついたりすること、自分の積み重ねた努力が台なしになったり、これからの道が閉ざされたりすることなどに気づけば、道徳的な実践ができる自分なりの考え方や方法が見つかると思います。

(水登)

▶ 内容項目：C-(11)公正，公平，社会正義

卒業文集最後の二行
弱さ・醜さと向き合おう

掲載教科書：東書／学図／教出／光村／日文／学研／あかつき／日科

ねらい
30年以上が過ぎても，小学校時代に行ったいじめを忘れられず，深い後悔と罪悪感にさいなまれる主人公の姿を通して，他者を尊重し，誰に対しても分け隔てなく公平に接し続けようとする道徳的態度を育てる。

教材のあらすじと活用ポイント

　主人公の私は小学生時代，隣の席の貧しいＴ子を先頭に立っていじめていました。テストでＴ子の答案を見て満点をとった私でしたが，逆にＴ子が疑われ，私は卑怯な行動をとります。卒業後に配られた文集にあったＴ子の言葉を読み，私は自分のした罪業を後悔して泣きます。この教材には，大勢でターゲットとなる人をいじめ，見下して面白がるという加害者側の考えと，被害者の悲しみがはっきりと描かれています。この道徳の時間と学級活動を組み合わせて，自分たちが直面しているいじめの問題について考えるという活用方法が考えられます。

「特別の教科　道徳」の授業づくりのポイント

　「特別の教科　道徳」で「議論する」ことには，学級活動や他教科での話合いとの違いがあります。それは，まず教材の中で，主人公や周囲の人々の言動に課題となる道徳的価値が示され，生徒それぞれが様々な立脚点から，考えて意見を述べることができるということです。さらに，「公正・公平」の項目での議論に関しては，日常生活の中で，生徒同士がそれぞれの立脚点を知っているという特殊性があります。

　それを踏まえたうえで，多角的なものの見方ができるような議論をし，価値観をゆさぶり，自分の生き方について考えさせることができるのかがポイントになります。

評価のポイント

　話合いの様子や，ワークシートに書かれた意見をもとに，自分とは違う立場の人の考えを尊重し，理解しようとしているか，自分自身を振り返り，今までの行動や考えについて見直すことができるような授業であったかを評価します。

本時の流れ

	○学習活動	●教師の手だて ◇評価 ※留意点
導入	○人間の弱さ・醜さについて考える。	●今の自分を見つめさせるために、ワークシートに書かせてから発表させる。
	発問 「人間には弱さや醜さがある」という言葉から何を思い浮かべますか。	
		※「いじめ」などの一言ではなく「〜ときに〜という行動をする」という形で。 ●数人発表後、本時のねらい「誰に対しても公平に接し続けること」に触れる。
展開	○「さらに輪をかけて口汚くののしり続けた」までを読む。	※「30年経っても」というイメージや、方言の部分で中断しないためにも、教師による範読が望ましい。
	発問 T子さんの「自分もいっそうみじめになる」とは、どういうことでしょう。	
		●人としての意地が自分を支えており、大人の力を借りて助けてもらうことはいじめに負けることだと考えている気持ちを理解させる。
	○「謝らずじまいで終わった」までを読む。	
	発問 私や友達の、T子さんに対する言動の理由を考えましょう。	
		●T子さんに対する私の言動や考えを挙げて、その理由を考えさせる。
	○最後までを読む。	
	発問 私の「人間としての弱さ」はどういう点でしょう。	
		●4人程度の小人数のグループで話し合わせる。自分たちにもそういう点はないか、私が同じクラスにいたら何を言えるかなどについても言及させたい。 ◇自己中心的な考えに気づき、多角的に考えようとしていたか。
終末	○ワークシートに記入する。	
	発問 「人間の弱さ」ということについて、今日の学習で考えたことを書きましょう。	
		◇話合いによって自分を見つめ、視野を広げることができたか。

準備物

・ワークシート

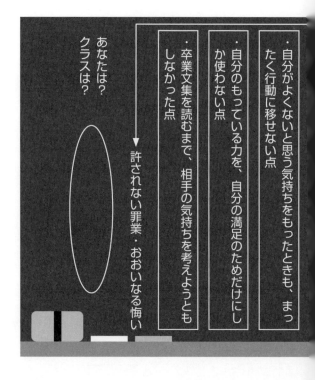

板書例：
・自分がよくないと思う気持ちをもったときも、まったく行動に移せない点
・自分のもっている力を、自分の満足のためだけにしか使わない点
・卒業文集を読むまで、相手の気持ちを考えようともしなかった点

あなたは？　クラスは？

許されない罪業・おおいなる悔い

本時の実際

● 導入

導入で気をつけたいのは「ああ、この時間はまたいじめのことについて話し合うのか」と生徒が思わないようにすることです。だから、「いじめ」という答えが出たとしても、それを少し掘り下げた形で考えられるように工夫しました。「自分が辛い立場にあるとき、人を見下すことで安心しようとする」「どんなに間違っていることでも、それが一対多になった場合、多の方に入って身を守ろうとする」などのように、具体的な行動として考えさせることが大切だと思います。

生徒が何も思い浮かばないようであれば、教師自身の思う「弱さ・醜さ（例えば、自分にイヤなことをしてくる人が不幸になると、ちょっとうれしいなど）」を一つ挙げてやるとよいと思います。

● 展開

文章が長いので、発問の量を考える必要があります。最初に「自分もいっそうみじめになるとは」という発問をもってきたのは、その問いに、そこまでのＴ子の思いが凝縮されていると感じたからです。母親をなくし、弟たちの面倒をみていること、みすぼらしい服装で学校に来ていること、悪童たちのいやがらせに泣きもせずに耐えていること。それはＴ子の強さであり、理不尽ないじめに耐えてみせるという気持ちの表れです。だから、大人の力を借りて助けてもらうことは、Ｔ子の心を支えている「意地」が許さないのではないかと考えられます。

展開の２番目の発問は、３番目の中心発問のためのステップになるもので、加害者側の理由を考えるための発問です。

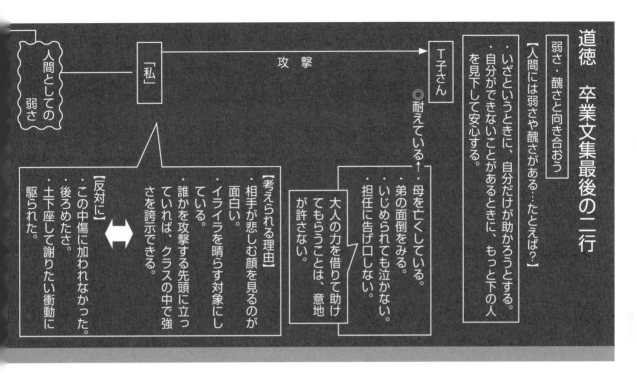

終末

　終末では，先ほどの話合いを踏まえて「人間の弱さ」について，クラスの実態はどうかと考えたり，自分の弱さはどういう形で表れているかを考えたりします。教材に出てくる私ほどのことがなくても，心のどこかに差別や偏見はあり，それを利用して安心しようとする自分はいないかと考えてみる時間を十分にとる必要があります。

　主人公の私は，そのことに卒業文集最後の二行で気づかされましたが，日常生活において，傷ついた側の思いがわかることはほとんどないとすると，どうやってその弱さを克服していくかを考え続け，誰に対しても公平に接し続けなければならないことに気づかせたいと思います。

（水登）

　先頭に立って「きたない」とT子さんをけなす，担任に言わないのを知ってさらに口汚くののしる，自分がカンニングしたのに，逆に責める。このような言動の理由としては，相手が悲しむ顔を見るのが面白い，イライラを晴らす対象，誰かを攻撃する先頭に立っていればクラスの中で強さが誇示できる…などが考えられ，生徒からは「最低の人間だ」という反応が返ってきます。

　しかし，私が特別な人間でないことは，途中の「この中傷に加われなかった」「後ろめたさ」「土下座して謝りたい衝動に駆られた」などの表現でわかります。ありふれた人間である私の「弱さ・醜さ」とは何なのかを中心発問として話し合わせることで，導入で「人間の弱さ」として思い浮かべたことを，さらに多角的・多面的に考えていきます。

▶内容項目：C−(11)公正，公平，社会正義

伝えたいことがある
誰に対しても公正，公平に接するようにしよう

掲載教科書：東書　学図　教出　光村　日文　学研　あかつき　日科

ねらい

公正，公平な生き方が大切であることを理解し，誰に対しても公正，公平に接し，差別や偏見のない社会にしようとする態度を育てる。

教材のあらすじと活用ポイント

　1954年，第五福竜丸の乗組員の大石さんは，ビキニ海域でのアメリカの水爆実験によって被爆します。そのため体調が悪化し，帰国後も入院生活が続きます。そんな大石さんに対して，人々はいわれもない中傷を浴びせます。耐えきれなくなった大石さんは，姿を隠すように故郷を後にします。しかし新天地でも，生まれた子が死産するという不幸が襲います。それでも逆境に立ち向かう大石さんに，娘と息子が産まれるという幸福がやっと訪れます。しかし今度は娘までもが，父親が被爆者だと差別を受けます。時は流れ，廃船の危機の第五福竜丸が保存されるようになることをきっかけに，大石さんにビキニ事件のことを語ってほしいという依頼が殺到します。大石さんは核の恐ろしさを，人々に伝えることを決意します。大石さんが受けた不幸の数々を知ることによって，差別や偏見を憎む心をはぐくむことができる教材です。

「特別の教科　道徳」の授業づくりのポイント

　教師が発問を用意するのではなく，教材の内容の問題点は何か，どうすればその問題点を解決することができるのかを，生徒自身が考えるようにします。このように生徒が主体的に行う問題解決的な学習は，授業に対しての意欲や，他の生徒の意見に対する関心を向上させます。それが公正，公平に関する考えを深めていくことへとつながります。

評価のポイント

　問題解決的な学習を通じて，他の生徒の意見にも関心をもつようになり，それを自分の生き方に活かしていくようになります。その過程を見取り，多面的・多角的な見方や考え方ができている授業であったかを評価します。

本時の流れ

	○学習活動	●教師の手だて　◇評価　※留意点
導入	○ビキニ事件についての説明を聞く。	●教材に関する導入を行う。 ※ビキニ事件は，日本人が決して忘れてはならない出来事であることを伝える。
展開	○教材を読む。 ○教材の内容の問題点と感じたところに線を引く。	
	発問1　教材の内容の問題点は何ですか。	
	○ワークシートに自分だけでなく，他の生徒の参考になった意見も記入する。	●教師が発問を用意するのではなく，生徒に何が問題なのかを考えさせるようにする。 ◇自分と違う意見に対して，どう興味や関心を示したか。 ※大石さんはまったく悪くないことを理解させる。
	発問2　大石さんが語り部として伝えたいと思ったことは何ですか。	
		●「家族にまで偏見が及んだことを，大石さんはどう感じましたか」と問いかける。
	発問3　差別や偏見をなくすために必要なことは何ですか。	
	○4人グループになって話し合う。 ○グループで出た意見を，班ごとに用意したホワイトボードに記入し，黒板に掲示する。	●現在も社会に，ヘイトスピーチなどの差別や偏見が存在していることを伝える。 ●「他の生徒の意見に対して，何か感じたことはないですか」と問いかける。
終末	○教師の説話を聞く。 ○他の生徒の発問3の意見についての感想を書く。	●授業のねらいが伝わるような話をする。 ●「身近で起こりうる差別や偏見に対して，どう対処すべきですか」と問いかける。 ◇ワークシートに書かれた感想を，評価の資料にする。

準備物

- 裏に磁石がついたホワイトボード
- ホワイトボード用のペン
- ワークシート

　発問3についての意見を，グループごとにホワイトボードに記入して黒板に掲示します。それにより，意見発表の時間を短縮し，一度に全員の意見を知ることができます。ただ掲示のみで終わるのではなく，なぜそう思ったのか問いかけをして生徒の考えを深めさせる必要があります。また，グループの人数は4人くらいがちょうどいいです。話合い後は，机をもとに戻して聞く姿勢をつくる配慮も必要です。

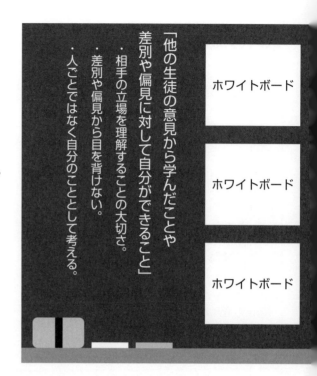

「他の生徒の意見から学んだことや差別や偏見に対して自分ができること」
- 相手の立場を理解することの大切さ。
- 差別や偏見から目を背けない。
- 人ごとではなく自分のこととして考える。

ホワイトボード
ホワイトボード
ホワイトボード

本時の実際

◉導入

　ビキニ事件は，我々日本人が決して忘れてはならない出来事です。そして，世界で唯一の被爆国である日本だからこそ，核兵器廃絶や被爆者に対する差別や偏見をなくすことを，社会に強く訴えていく使命があると思います。以前，長崎を訪れた修学旅行生が，被爆者の語り部の方に注意されたことへの腹いせに，「死に損ない」と罵声を浴びせたことがありました。これなどはまさに子どもたちに，その使命を十分に果たしてこなかった代償ではないかと思います。日本には「水に流す」という言葉がありますが，ビキニ事件は決して我々の記憶から消し去ってしまってはいけません。こういった教師の思いを導入であわせて伝えることが，生徒がより真剣に授業に取り組むことへつながっていきます。

◉展開

　3年生になると，世界情勢に関する知識が豊富になります。それに比例して発問1についても，「アメリカが水爆実験を行ったこと」「大石さんに対する中傷」「大石さんの娘さんに対する偏見」「第五福竜丸が廃船の危機にあったこと」など様々な意見が出るようになります。そして，その理由も尋ねるようにします。例えば，大石さんや娘さんへの中傷について，「大石さんは何も悪いことをしていないのになぜ中傷されなければならないのか」「国やマスコミがもっと被爆に対する情報を国民に伝えるべきだ」，第五福竜丸の廃船の危機について，「もっと早く船を保存して後世に核の恐ろしさを伝えていくべきだ」など，問題点だけでなくそれにどう対処するべきかという意見まで返ってきました。これ

「伝えたいことがある」

問題点

「アメリカが水爆実験を行ったこと」
・地球の環境よりも軍事力の向上を優先している。
・核兵器を地球からなくさなければならない。

「大石さんに対する中傷」
・大石さんは何も悪いことをしていない。
・核に対する知識の不足。

「大石さんの娘さんに対する偏見」
・あり得ない出来事。
・なぜ相手の人は家族の偏見と闘わないのか。

「第五福竜丸が廃船されそうになった」
・なぜ保存して後世に残そうとしなかったのか。
・ビキニ事件は日本人が忘れてはいけない出来事だから。

どうすれば差別や偏見をなくすことができるのか？

[ホワイトボード]
[ホワイトボード]
[ホワイトボード]

らの活動を通じて，差別や偏見が人の心に大きな傷を与えるだけでなく，被爆国として核の恐ろしさを伝えていく責務があることに気づきます。それが発問2に対する考えをより深めていきます。発問2については，核の恐ろしさはもちろん，「家族にまで偏見が及んだことを大石さんはどう感じましたか」と問いかけ，差別や偏見を受けた人の気持ちを考えさせるようにします。発問3については，十分な時間をとります。「相手の立場を理解する」「弱者のことを常に考える」「差別や偏見を決して許さない」「今も存在する差別や偏見を自分のこととして考える」「ビキニ事件など今まで起きた差別や偏見に関心をもつ」などホワイトボードに書かれた自分以外の様々な意見を目にします。そこで，何か感じたことはないか問いかけをします。

● 終末

教材が被爆に関する内容なので，どうしても国や社会としてどう対処しなければいけないのかという方向に話が向かってしまい，自分への振り返りが十分にできないことがあります。よって，説話の際に生徒の身近にも差別や偏見がないか問いかけるなどして，生徒が自分自身のこととして考えるようになるための工夫が必要です。それによって，いじめなど身の回りで起きる差別や偏見に対して，どう対処していったらよいか考えるようになります。そういった過程を経て，最後に他の生徒の意見で参考になったことや，自分が差別や偏見にどう対処するべきかを，ワークシートに書かせるようにします。それが，多面的・多角的な見方や考え方ができているかどうか評価する際の資料になります。　　（柿沼）

▶ 内容項目：C－(11)公正，公平，社会正義

掲載教科書：東書／学図／教出／光村／日文／学研／あかつき／日科

ぼくの物語　あなたの物語
互いに知り合うには？

ねらい
黒人作家ジュリアス・レスターの人種差別問題についてのメッセージを通して，差別や偏見のない社会を築くために大切な心について考えさせ，公正，公平で，社会正義に基づいた行動をとっていこうとする道徳的判断力を育てる。

教材のあらすじと活用ポイント

　黒人作家である筆者が，人種や肌の色という「ほんの一部」の「物語」だけで人を判断してしまうことについて問題提起しています。人間は誰でもたくさんの「物語」をもっていますが，人種や肌の色の話になると，「私の人種は，他の人種より優れている」という話が出ることがあるのです。住まい，性別，財産，人種などで人の優劣を決めるのは「本当の物語」ではありません。皮膚の下はみんな同じ人間。ほんの一部の物語で，その人のことはわからないのです。筆者は，人に出会ってかかわり合う際に自分との共通点や相違点を含め，様々な視点から互いを知り，接していくことの大切さについて考えることを投げかけています。

「特別の教科　道徳」の授業づくりのポイント

　本教材は，まさに現代的課題と言える差別や偏見に対するテーゼが描かれています。この課題はまさしく学校の中でも起こっており，他者の一面からだけで相手を判断し人間関係を狭めたり，互いの優劣を意識し不公平な状況が起きたりすることがあります。昨今，スクール・カーストという言葉に表れるような，学校生活場面で成績や運動神経，友好関係の幅などで上下関係ができ，日々の生活や役割分担などで不公平な状況が生じる場合もあります。こうした状況を想起させながら，「もしも自分だったら…」と自我関与させながら学習を進めていきます。

評価のポイント

　振り返りシートや授業中の発言内容をもとに，世間一般にはびこる差別や偏見に対して，自分のこととして自我関与して考えられる授業になっていたかを評価します。また，互いの意見を交流させることで様々な見方・考え方があることに触れさせることが望ましいと考えます。

本時の流れ

	○学習活動	●教師の手だて　◇評価　※留意点
導入	○社会に存在する差別や偏見について考え，それについての疑問を出し合う。 ○世界にはどのような差別や偏見があり，それらについてどのように考えるか考える。 ・障害のある人がツアーに参加できなかったり，宿泊を断られたりする記事を読んだことがある。どう考えてもおかしいと思う。 ・テレビで「大坂なおみ」さんへの見方・考え方の変化に違和感を覚えた。	※クラスの生徒の状況を十分配慮する。 ●差別や偏見の事例が具体的に考えられるよう，社会科などの内容を振り返る準備をしておく。 ●わかりきった建前論にならないように，微妙な判断を迫られるような事例も用意しておく（自身の問題として捉えさせることが肝要）。 ●本時の「学びのテーマ」を設定する。
	学びのテーマ　差別や偏見のない社会にするには，どのような心を大切にするとよいでしょう。	
展開	○教材を読んで考える。	※付録DVD収録の「朗読」を活用してもよい。
	発問　筆者の挙げるいくつかの例が，「本当の物語」ではないと言っているのはどうしてでしょう。	
	○挙げられているいくつかの例が，「本当の物語」ではない理由について検討する（個人思考）。 ○意見交流をする（多面的・多角的な見方・考え方）。 ・「いい場所に住んでいる」「○○人だ」ということは，本人の努力や生き方に関係がないから。 ・ほんの一部だけでその人を判断できないから。	●「自分自身も一部の『物語』で判断していることはないだろうか？」と補助発問することで，差別や偏見を身近な問題として考えさせる（主体的な学び）。 ●相互交流させる中で，自分とは違った見方・考え方に触れさせる。
	発問　ぼくが「人種や肌の色で，人を判断しないことにする」と言ったのは，どうしてでしょう。	
	○判断理由が，その人の人柄やこれまでの生き方にかかわっていることなのかどうかについて多面的・多角的に意見交流をする。 ・違っているように見えても，皮膚の下は同じだから。 ・たくさんの物語を集めてみないとその人のことは，本当に理解できないから。	●人種や肌の色だけでなく，国籍や思想・信条など様々な視点で考えているかどうか確かめる。 ※生徒自身の判断基準を問うことで，「公正・公平」の意義について考えさせたい。 ◇判断基準が合理性を担保しているかどうか，自我関与した意見を主張しているかどうか。
終末	発問　教材「違いの違い」（光村図書『中学道徳3』p.66）を読んで，あなたが考える「あってはならない違い」をなくすためにはどうすればよいか話し合いましょう。	
	○班（グループ）討議によって互いの意見を交流する。 ・「あってはならない」理由を検討する。 ・なくすための手だてが実現可能かどうか，自分たちにできるのかなどについて検討する。	※まずは個人思考を促し，自分なりの考えを明確にさせておく⇒集団思考（問題解決的学習）。 ●話合いが停滞している班には，考える視点（論点）を提案する。 Ex:「○△×」のマークを記入できる用紙の準備 ●「あってはならない」理由について，自分の判断根拠を中心に話合いを進めていく。 ◇（教師の説話などはせず）授業で学んだこと，考えたことなどを一言記述させる。

準備物

・「○△×」のマークを記入できる用紙

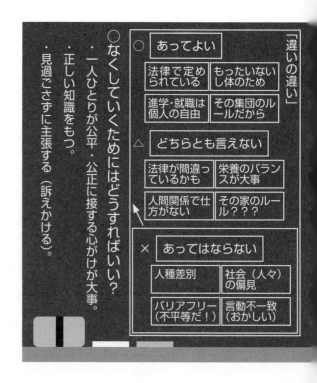

本時の実際

●導入

社会に存在する差別や偏見について考え，それについての疑問や考えを出し合います。生徒の社会における差別や偏見の問題についての知識や意識，それらについてどのような考えをもっているかを振り返るための導入です。

本時の場合，事前アンケートを行っており，全体的傾向は把握できていたため，意識の薄い生徒に向けて社会科などで学習した事例（ノルマントン号事件やハンセン病元患者宿泊拒否事件など）を用意しておきました。

授業の実際では，これらに加え，小学校時代の「いじめ問題」にも話題が及び，生徒自らの問題として考えを深めることができました。建前論に陥らない導入であったと言えましょう。

●展開

「筆者の挙げるいくつかの例が，『本当の物語』ではないと言っているのはどうしてでしょう」は社会にある様々な差別や偏見，その不公平さを考えていく発問です。教科書 p.62 には「私の人種は〜」に始まり8つの事例が問題提起されています。そのどれもが「ほんの一部の物語」で語られているところが特徴的です。そこから派生し，生徒の日常生活の中にも似たような出来事（通っている学校，進学先，住んでいる家，服装など）がないかどうか検討しました。

「ぼくが『人種や肌の色で，人を判断しないことにする』と言ったのは，どうしてでしょう」は前者の発問を受けて，筆者が辿り着いた結論の根拠について考えを交流させるための発問です。グループで話合いをさせると，

「ぼくの物語　あなたの物語」

◎差別や偏見のない社会にするためには、どのような心を大切にするとよいだろう？

○「本当の物語じゃない」のはなぜ？
・住み場所や通っている学校で上下関係をつくるのは正しくないから。
・男女や家柄、肌の色などで優劣は決まらないから。

○「人種や肌の色で、人を判断しないことにする」のはなぜ？
・皮膚の下は、みんな同じ人間だから。
・ほんの一部の表面的な事柄で「優劣」をつけることは間違っているから。
・様々な側面。

挿絵
2人の人間が背中合わせ
p.62

↓

○どのような物語に目を向けたいですか？
・その人の言動・人柄
・努力している姿。
・その人が目指している夢。
・憧れている部分（自分には足りない面）。

● 終末

「教材『違いの違い』を読んで，あなたが考える『あってはならない違い』をなくすためにはどうすればよいか話し合いましょう」は教材から離れ，日常生活場面で起こり得る問題について検討する発問です。まずは個々人でそれぞれの事例について「○△×」の印とその理由を書き，各自の考えを明確にしたうえで集団討議（問題解決的学習）に入りました。この作業で話合いの方向性がはっきりとし，公平・公正の是非を判断するうえでの指標が明らかになりました。その後，「あってはならない違い」に目を向けさせることで，社会に潜む不公平・不公正をなくしていくためには，個人的な心がけだけでなく，他者と協同して社会の意識を変えていく必要があることについても話し合われました。

その人がもっているたくさんの「物語を，みんな集めてみないと，その人のことがわからない」という筆者の考えに共感した意見が多数見られるようになっていきました。人は，誰しも安易に見た目や雰囲気でその人を判断しがちですが，「そのことこそが，差別や偏見を助長していく元凶なのだ」との考えでした。また，「実際にはその人の物語をみんな集めることは不可能ではないか？」という意見も出されました。この意見に触発され，「できる限り知ろうとして耳を傾けることこそが大切なのではないか？」という考えに収束していきました。人との望ましい関係構築には難しい問題があり，ややもすると，知らず知らずのうちにその人のことを誤解したり，傷つけてしまったりすることもあるのだということに気づきました。

（淀澤）

▸ 内容項目：C−(12)社会参画，公共の精神

掲載教科書：東書／学図／**教出**／光村／日文／学研／あかつき／日科

鳩が飛び立つ日
〜石井筆子〜
よりよい社会の実現

ねらい
どんな困難にも負けず，強い志で障がいのある子どもたちのために尽力する筆子の思いを考えることを通して，社会の一員としての自覚をもち，よりよい社会の実現に努めようとする道徳的実践意欲を育てる。

教材のあらすじと活用ポイント

　筆子は結婚後3人の女の子に恵まれますが，3人とも病弱であり，2人は障害のある子どもとして生まれてきました。二女，三女は幼くして亡くなり，そのうえ夫まで失ってしまいます。そんなとき，筆子は特別支援教育に日本で初めて取り組んだ石井亮一と出会ってその志に共感し，亮一と障がいのある子どもたちのための学園を営み始めます。しかし，唯一残された我が子幸子も亡くなり，そのうえ学園も火災にあい，6名の園児を失うことになります。一時は閉鎖も考えましたが，それでもくじけずに筆子は学園を続ける決意をします。授業ではこうした筆子の姿を通して，生徒一人ひとりが社会を構成する一員であること，そしてその社会をよりよいものにしていくのは，自分たちの手にかかっていることを考える機会となります。

「特別の教科　道徳」の授業づくりのポイント

　中学生は，総合的な学習の時間などを主としたボランティア活動を通して，体の不自由な方やお年寄りなどの立場を理解し，いたわりの気持ちが芽生えてきます。また，誰もが安心して暮らせるよりよい社会の実現に向けて，「自分にできることは何か？」という問いがわいてきます。豊かな体験からはぐくまれる思いや願いを，補充・深化・統合する道徳の授業で，この教材を活用し，進んで社会とかかわろうとする生き方への意欲を育てます。

評価のポイント

　筆子の生き方を自分の課題として捉えることを通して，生徒の社会を構成する一員としての自覚を促し，よりよい社会の実現に向けての考えを深める授業が適切に構成され，道徳的実践意欲をはぐくむことができたかを振り返られる授業であったかを評価します。

本時の流れ

	○学習活動	●教師の手だて　◇評価　※留意点
導入	○筆子や特別支援教育について知る。	●筆子の写真などを提示する。 ※時間をかけずに筆子について紹介する。 ●特別支援教育について簡単に触れる。
展開	○意見交流をする。 発問　筆子はどういう思いから，女学校を手放し，亮一とともに歩む決意をしたのでしょう。 ・障がいのある人や弱い立場の人を救うために役に立ちたい。 ・亮一の志には希望がある。安心して暮らせる世の中をつくりたい。 ・自分の子どもたちは，どのように生きていくのか。 ○意見交流をする。 発問　亡くなった幸子の刺しゅう入りのハンカチを手に取り，筆子はどんなことを考えたのでしょう。 ・亡くした子どもの分まで学園の子を守り育てよう。 ・短くも子どもたちも精一杯生きたんだ。私も前へと生きなくては。 発問　火災から園児を失った筆子の心中はどのようなものでしょう。 ・自分が情けない。守れるなんて思い上がっていた。 ・学園を廃止した方がいい。これ以上の不幸は生みたくない。 発問　学園が火災にあった後，「子どもたちの声が聞こえる」とつぶやいた筆子にはどんな思いが湧き上がってきたのでしょう。 ・何があっても子どもたちに生きる道を開くんだ。 ・社会や子どもたちが，自分を必要としているのだ。 ○筆子の短歌を紹介する。 発問　この短歌から筆子のどんな生き方を感じるでしょうか。 「いばら路を　知りてささげし　身にあれば　いかでたわまん　たわむべきかは」 ・一生をよりよい社会の実現のためにささげようという固い決意。 発問　これから自分は社会とどのようにかかわっていきたいですか。 ○道徳ノートに記入する。 ・社会の役に立てるよう考えてみたい。	●筆子の子どもに対する切ない思いと，特別支援教育への希望に共感し，寄り添いながら考えられるよう発言を促す。 ※自分さえよければよいという気持ちとは反対の思いもあることに気づかせる。 ●かけがえのない3人の子どもを失った筆子の深い悲しみに共感し，生を受けた子どもたちの分まで懸命に生きようとする決意を捉えるようにする。 ●自責の念にかられる筆子の思いに共感できるよう促す。 ◇よりよい社会の実現に向けた信念から挫折を乗り越え，再起する筆子の思いを理解することができたか。 ◇筆子が果たした役割を捉えることができたか。 ●どのような逆境も乗り越えていこうとする筆子が目指すものや意義を深く考えさせるようにする。 ◇自分の中にも社会をよりよくしたいという気持ちがあることに気づいたか。
終末	○「私たちの道徳」（文部科学省，p.152）の渋沢栄一の言葉「いくら年をとっても　人間を辞職するわけにはいかん」について聞く。	●社会貢献を志す渋沢の思いを伝え，紹介することで，社会参画への関心をさらに高める。

準備物

- 筆子の写真
- 滝野川学園の地図や写真
- 特別支援教育の資料（教師の説明資料）

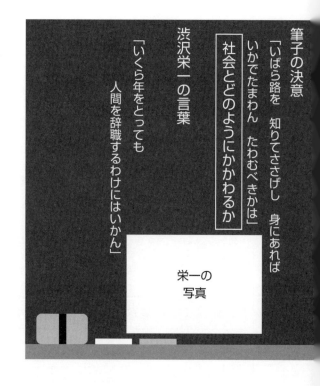

板書：
筆子の決意
「いばら路を　知りてさきげし　身にあれば　いかでたまわん　たわむべきかは」
社会とどのようにかかわるか
渋沢栄一の言葉
「いくら年をとっても　人間を辞職するわけにはいかん」
栄一の写真

本時の実際

● 導入

　筆子という人物，特別支援教育という言葉は生徒にはなじみの薄いものです。導入では，過去のボランティア体験などを想起させながら自分の課題として考えようとするきっかけをつくることが大切です。例えば，新聞記事などを提示し，「自分さえよければいい」という自己中心的な考えのために起こる事件を紹介しながら，よりよい社会はみんなの力でつくられているものであり，生徒もその構成員であるという自覚を促し，課題意識をもたせて話合いの方向性をつくっていくことが大切です。あるいは，筆子の実績や特別支援教育について説明し，誰にとっても住みよい社会とはどんな社会か問いかけ，そうした社会の実現のために一人ひとりができることを考えてみようと働きかけることもできます。

● 展開

　筆子の状況などをしっかりと押さえながら発問を重ねていきます。困難が繰り返されても，筆子の信念はゆるがず一貫しています。筆子の生き方を通して，発問に対し考えを深めていき，社会参画への意欲を促していきます。発問は，次々に起こる困難に果敢に立ち向かう筆子の姿の根底にある強い決意や願いを追求していきます。それらを考えることを通して，生徒たちはその重さや意義を理解していきます。そうして思考を深めながら，住みよい社会は一人ひとりの自覚によって実現されていることを感じ取っていきます。そして，それはすべて自分自身の生活に還元されていることへの気づきを促します。

　この授業を通して，社会の一員としていかにあるべきかという問いに向き合い，自己を

鳩が飛び立つ日―石井筆子―

筆子の写真

○女学校を手放し亮一と歩む
・障がいのある子どもたちを助けたい。

○二人の子ども、さらに幸子まで失う
・子どもたちの分まで社会のために生きる。

○火災にあっても学園を続ける
「子どもたちの声が聞こえる」
・子どもたちを守りたい。
・子どもたちが私を支えてくれている。
・自分は必要とされている。

見つめる機会とします。教材には示されていませんが，最後に筆子の短歌を紹介します。それはまるで自分の生き方を象徴するようです。その思いを見つめることで，インパクトある言葉に生徒たちはこれまでの学習を振り返りながら，筆子の思いに自分を重ね，社会の在り方について深く考えることができます。

その固い決意を受けとめながら，展開後段では教材から離れ，「自分はこれからどのように社会とかかわっていくか，自分にできることは何か」を考えていきます。書く活動を通してじっくりと自己を見つめ，社会参画への意思決定を主体的に考えることを通して，自分ができることから何かを始めていこうとするきっかけをつくり，道徳的実践へとつなげていきます。

終末

終末では，「私たちの道徳」（文部科学省，p.152）に掲載されている渋沢栄一の言葉を紹介し，社会貢献を志し栄一の思いを伝えることで，社会参画への関心をさらに高めていきます。渋沢栄一は，『論語と算盤』を著し，日本の資本主義の父と言われた人物です。

筆子も渋沢も，社会のために尽力した人物としてその志は同じですので，筆子と渋沢を結びつけて考えることで見方・考え方を広げていくことができます。筆子だけが突出していたのではなく，分野が異なってもよりよい社会を目指した人物は他にも存在したことを知ることで，生徒の道徳的実践意欲はさらに喚起されていくものです。

（石黒）

▶ 内容項目：C −(13)勤労

あるレジ打ちの女性
仕事をすることのすばらしさ

掲載教科書：東書　学図　教出　光村　日文　学研　あかつき　日科

ねらい
主人公の生き方から勤労の尊さや意義を理解し，自己を見つめ，勤労を通じて社会に貢献することや，充実した生き方を追求して実現していこうとする態度を育てる。

教材のあらすじと活用ポイント

　教材中の女性は，自分に自信がもてず勤労の意欲も低く職業に対しても長続きしません。新しい職業に就くたびに理由をつけて辞めてしまうことが繰り返されます。新しく始めたレジ打ちの仕事も，積極的に取り組むことができずにいました。女性はいろいろと諦めて田舎に戻ろうと決意したとき，自分の得意なことに気づきます。そこから仕事へのこだわりや，視野が広がり，周囲の人とのかかわりの中で喜びを見いだすようになっていきます。

　教材の前段における主人公の考えや生き方に共感を覚えながらも，後段では泣き崩れる主人公の姿を通して働くことの意味を深めます。

「特別の教科　道徳」の授業づくりのポイント

　仕事が続かない自分に対して苦しみを感じながら仕事をしていた女性が，自分でレジ打ちを極めることを決意します。それをきっかけに女性にとって働くことが希望に変わっていきます。変化のきっかけの場面で女性の心情を考えます。そして，お客さんからこのレジに並ばせてくれと言われて泣き崩れる場面で，働くことや仕事に対しての新しい価値に気づくようにします。ペアや小グループでの対話を通して新たな価値に気づき，自分を見つめながら深めます。

評価のポイント

　振り返りシートの記入から，勤労や仕事についての多様な考えを共有し，女性の生き方を通して，仕事や働くことのすばらしさと，誇りをもって働くことが他人にも自分にも喜びを与えることに気づく授業であったかを評価します。その後，学級通信などで働く喜びについて生徒や保護者と共有し，家庭での話題や今後の進路選択などにつなげていくことが望ましいです。

本時の流れ

	○学習活動	●教師の手だて　◇評価　※留意点
導入	○職場体験学習など勤労体験を振り返る。	●教材「どう頑張ってもなぜか続かないのです」までを事前に読んでおく。
	発問　働くこととはどういうことですか（職場体験からどんなことを感じましたか）。	
		●自由な発言を促す。
展開	○教材の途中までを確認する。	
	発問　なぜ，この女性は仕事が続かないのですか。	
	○教材の続きを最後まで読む。	●補助発問　レジ打ちをしているときどんな気持ちだったでしょう。 ◇自分が悪いことはわかっている女性の苦しみにも気づく。
	○女性の生き方を通して働くことのすばらしさについて考えを深める。	●補助発問　母親に電話したのはどういう気持ちからでしょう。
	発問　どうしてこんなに泣き崩れたのでしょうか。	
	○小グループで話し合ってみる。	●補助発問　泣き崩れた女性をどう思いますか。 ※間をおいてから小グループで話し合わせて発表する。
終末	発問　仕事のすばらしさとは何でしょう。	
	発問　今日の授業で考えたこと，思ったことはどんなことでしょう。	
	○振り返りシートに記入する。	●補助発問　女性から学んだことは。 ●補助発問　この女性はこれからどんな生き方をしていくのでしょうね。 ◇仕事のすばらしさを自分の言葉で理解し，充実した生き方へ希望をもつことができたか。

準備物

・振り返りシート

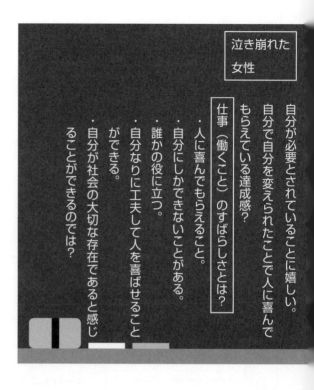

泣き崩れた女性

自分が必要とされていることに嬉しい。
自分で自分を変えられたことで人に喜んでもらえている達成感?
・仕事(働くこと)のすばらしさとは?
・人に喜んでもらえること。
・自分にしかできないことがある。
・誰かの役に立つ。
・自分なりに工夫して人を喜ばせることができる。
・自分が社会の大切な存在であると感じることができるのでは?

本時の実際

●導入

　教材は事前に配付し,前半部の部屋を片づけ始めたところまでを読んでおきます。はじめに「働くこととはどういうことか」を聞いてみました。職場体験学習を行っていることもあり,職業についてはある程度考えています。そのときのことを想起させて「よかったことは」「それはどうして」など生徒に聞いていきました。生徒からは「社会の役に立つこと」「生活のためにお金を稼ぐこと」などが返ってきました。

　続けて,教材を確認します。主人公はどんな女性なのか想像してみました。「まじめだけれど,飽きっぽい」「自分でもちゃんとやろうとしている」など女性について語っていました。

●展開

　「なぜ,この女性は仕事が続かないのですか。レジの仕事をしているときはどんな気持ちでしょうか」を問います。キーワードは「どう頑張っても続かない」です。生徒は,「やりがいみたいなものが感じられないのかも」「簡単な作業と思っている」「自分じゃなくてもできる仕事だ」「こんな作業のために私はいるのではないと考えている」などを挙げ,小グループでもう一度考えました。「すぐに飽きてしまうことに耐えなければならないことはわかっていると思うけど,自分で合わないと思い込んであきらめている」と女性の苦しみにも気づいている反応です。

　教材を最後まで読んでみました。母親に電話したときの気持ちを問いました。「子どもの頃にがんばっていた自分を信じたくなっ

【黒板部分】

「働くこと」とはどんなこと？
お金を稼ぐこと
社会に貢献すること

あるレジ打ちの女性

レジ打ちの仕事をしているとき
毎日が同じ。
ずっと同じ単純作業。
自分じゃなくてもできる。
生活のため働かなくてはいけない。
すぐ飽きてしまう。
自分が嫌い。
不安。

[辞表]
また逃げようとしている。
・またこれもやめるのか。
・自分に自信がないのでは？
・人生無駄にしていないか？

お母さんに電話（泣きながら）
夢を追いかけていた自分を思い出した。
頑張っていた自分を信じてみたい。
もう少し、ここで頑張る

仕事が楽しくなってきた　なぜ？
レジ打ちを極める（目標？）。
お客さんが見える。
お客さんと話す→視野が広がる。
毎日が違う・長く続けたい。
ピアノを弾くように

た」などの反応がありました。
　レジ打ちを続けた女性の気持ちが少し変わってきたところで，「どうして仕事が楽しくなってきたのですか」と問います。「毎日が同じじゃないことに気づいた」「お客さんとの会話によって自分の視野が広がっていく」など多くの考えが出てきました。
　中心発問「どうしてこんなに泣き崩れたのでしょうか」については，「自分ががんばっていることでお客さんがこんなに喜んでくれていることがとても嬉しい」「今まで，自分が考えていた『仕事』と実際に自分がやっている『仕事』の価値が違っていて周りの人への感謝の気持ちがあふれてきた」など，女性の気持ちに寄り添って考えていました。「そんな女性をどう思いますか」と補助発問を加えてみました。

● 終末

　発問「仕事のすばらしさとは何でしょう」については，「人に喜んでもらえる」「自分にしかできないことがある」など仕事に対しての考えが広がった意見や社会のためになるということだけでなく周りの人がその仕事を支えてくれていることにも気づいたようです。グループで話し合うときには，女性からの気づきによって，多様な考えが話合いに生かされました。振り返りシートでは，「改めて『仕事』っていいなと感じました」「自分で工夫して人を喜ばせたり自分を人に必要としてもらえたりするのが『仕事』のよさだと思います」「好きな仕事に就くではなく就いた仕事を好きになるのでは？」「女性が仕事のやりがいを見つけて嬉しくなりました」などが印象的でした。

（重野）

▶ 内容項目：C−(14)家族愛，家庭生活の充実

一冊のノート
家族の温かさを感じ取ろう

掲載教科書：東書／学図／教出／光村／日文／学研／あかつき／日科

ねらい
祖母のノートに書かれた思いを通じて，自分の成長を願い無私の愛情で育ててくれている祖母への敬愛の念を深め，家族としてともに生きていこうとする道徳的な心情を養う。

教材のあらすじと活用ポイント

　だんだん記憶が定かでなくなっていくおばあちゃん。季節外れの服装をしたり，買い物を間違えたりと，僕や僕の弟はいらだちを隠せません。しかし，偶然見つけたおばあちゃんのノートには，孫への愛があふれていました。それを知った僕は，いたたまれなくなって外に出るのです。

　この教材は，祖母の孫への愛に孫が気づく場面がポイントです。単に，「悪いこと言ってごめんなさい」「こんなに思ってくれてありがとう」などという思いだけではなく，祖母を「愛する家族の一員」として再認識する様子を追体験することが重要であると思います。

「特別の教科　道徳」の授業づくりのポイント

　本教材は多くの出版社が採用しているなじみのあるお話です。文章は少し長いですが，教材に力があり，最後の場面はぐっと読み手の心を引き寄せるものがあります。こういった心情に訴えるものは，あまり授業方法に工夫を入れずに，ストレートに生徒に提示した方が心に響くのではないでしょうか。核家族が普通となっている昨今，祖父母とのかかわりは薄くなりつつあるように思えます。しかし，この教材で普段見えない「おばあちゃんの愛」を感じてほしいと思います。

評価のポイント

　授業中の発言や記入した振り返りシートなどをもとに，祖母に対する思いを多角的に捉え，反省や感謝の思いにとどまらず，深い愛情を見いだすことができればよいと思います。その後，感想文などを整理して祖母への思いを学級全体で共有できる授業になっていたかを評価します。

本時の流れ

	○学習活動	●教師の手だて ◇評価 ※留意点
導入	○にじみ出てくるものを考える。 発問 「にじむ」と聞いて思いつくものは何でしょうか。	※授業の雰囲気づくりなので短時間で数人に当てる。
展開	○教材を読む。 ○祖母への僕の思いを確認する。 発問 物忘れが激しくなった祖母に僕はどんな気持ちをもっているでしょうか。 ○おばあちゃんのノートを確認する。 発問 僕は，黙って祖母と寄り添いながらどんなことを心の中で語りかけていたのでしょうか。	●特に，学校からの帰りに話しかけられて無視したところは，あえて確認しておきたい。ここには，家族の一員であるということを否定したい思いが込められている。 ●ノートの内容をゆっくりと読み返す。 ※僕が祖母の温かい愛情に深く気づく場面である。重ねて問いかけることで，謝罪の思いや感謝の念だけでなく，その根底にある愛情に気づかせたい。
終末	発問 草むしりをしてきれいになったものは何でしょう。 ○振り返りシートに記入する。	◇教師の考えを挟まず，振り返りシートへの記入を促す。

準備物

・振り返りシート

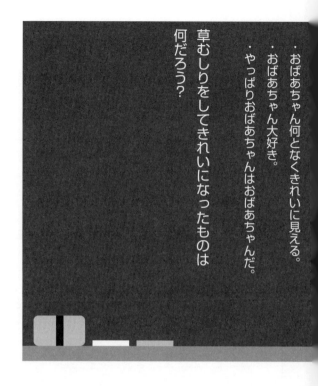

- おばあちゃん何となくきれいに見える。
- おばあちゃん大好き。
- やっぱりおばあちゃんはおばあちゃんだ。
- 草むしりをしてきれいになったものは何だろう？

本時の実際

● 導入

ついつい、導入に力と時間を入れがちになる傾向がありますが、導入は、生徒に軽く興味をわかせる程度で十分だと思います。

今回は、「にじむ」という言葉を導入に使いました。生徒にとっては、あまりなじみのない言葉のようでした。しかし、「にじみでる」という言葉に換えてみると「マジック」などが出てきました。「マジックって、にじんだらとめようと思ってもとめられないものですね」などと世間話をしながら、本教材の中心場面を想起させてみました。

ここまで、時間はあまりかかっていません（2〜3分ぐらいでしょうか）。教材をじっくり読み、展開で十分に時間をかけたいと思うからです。

● 展開

力のある教材です。最後まで範読したら、しーんとなりました。ストーリーも文章こそ長いですが、内容はわかりやすいです。僕の気持ちを中心にポイントを押さえて展開しました。

祖母の思いをしっかり捉えるために、僕の祖母に対する憤りをしっかり押えます。そうすることで、後のノートの衝撃を強くすることができると思います。

そして、中心発問です。ここでは時間を多くかけ、できるだけ多くの生徒に繰り返し同じ発問をしました。最初は、「ありがとう」「ごめんなさい」という答えが多かったですが、「どうしてそう思ったの？」などの問い返しを続けていったり、「インクがにじんだのはどうしてでしょうか？」という追発問を

今日のテーマ 「にじむ」

「一冊のノート」

登場人物　おばあちゃん
弟（隆）　父、母　僕

- 物忘れがはげしくなった祖母
- 迷惑している。
- 困っている。
- 仕方ない。
- 外では他人のふりをしたい。
- 弟の買い物の件の後、お父さんの話
- 病気だから仕方ない。
- 一生懸命やってくれているのはわかる。

ぽつんとにじんだインクの跡を見た
そしていたたまれなくなって、外に出た。

僕は、黙って祖母と寄り添いながらどんなことを心の中で語りかけていたのだろうか？

- おばあちゃんごめんね。
- おばあちゃん庭きれいになったね。
- おばあちゃんおこってないかな。
- おばあちゃんいろいろ考えてくれていたんだ。
- おばあちゃん今までありがとう。
- おばあちゃんこれからもよろしく。

したりすることで、祖母の思いを深めていきました。そうすることで、「長生きしてほしい」「僕のおばあちゃん最高だ」などという答えも出てきました。

最終的には、「おばあちゃん、大好き」という言葉を期待しました。なかなか出てこない言葉です。しかし、この言葉が出てくると、クラスでの祖母に対する思いがぐっと深まりました。やはりこの教材で深めたい価値は「愛」です。そのことに気づいてくれたのでしょうか、クラスが温かい雰囲気につつまれました。

● 終末

終末は、あまり欲張った発問をしませんでした。展開で十分に生徒の意見を引き出せたからです。そこで、「草むりをしてきれいになったものは何でしょう」と発問しました。生徒の中には、「庭」と答えるものもいますが、「僕の心がきれいになった」「心がきれいになったのでおばあちゃんがきれいに見えた」などの目には見えないものを表現する生徒も出てきました。

最後に書かせた感想文も、「家族愛」があふれたものが多くありました。祖母への愛情をしっかり受け止めることができ、豊かな授業になったのではないかと思います。　　（藤井）

▶ 内容項目：C−(15)よりよい学校生活，集団生活の充実

掲載教科書：東書／学図／教出／光村／日文／学研／あかつき／日科

明かりの下の燭台
集団の一員として，自分を活かしつつ仲間に貢献しよう

ねらい
選手としてプレーすることを断念し，泣く泣くマネージャーを引き受け，献身的に集団に貢献する主人公の姿を通して，集団の一員として自分の役割を自覚し，集団生活の向上に努めようとする道徳的実践意欲を高める。

教材のあらすじと活用ポイント

　笑顔を絶やさず大好きなバレーに励む鈴木恵美子は，155cmという小柄な体格。ある日，監督からマネージャーになるよう頼まれ，泣きながら引き受けます。4年間の長きにわたり愚痴一つこぼさず，仲間一人ひとりに心を配り，チームを支えました。チームの獲得した金メダルの裏側には，決して表舞台に立つことはない彼女の献身的な支えがありました。「東洋の魔女」と称された全日本チームの実話。選手ではなくても，それぞれの立場で役割があることに気づかせ，集団の中で仲間のためにどう自分を生かすことができるか考えさせたいところです。

「特別の教科　道徳」の授業づくりのポイント

　実話であるだけに，説得力のある教材です。3年生は部活動でチームの中心となって活動しており，レギュラー選手と控えの選手の思いは複雑です。選手としてプレーすることを断念した主人公の葛藤と苦悩に，似た立場に立つ者として強く共感する生徒も少なくありません。また，レギュラーとして活動する生徒が，恵美子さんの思いに触れ，立場の違う仲間の複雑な思いに気づき，考えを深めることができるよう工夫したいところです。部活動に限らず，学級やその他集団での自分の立場を振り返り，仲間の思いを慮る機会にできます。そのうえで自分が集団の中で，どのように自分のよさを活かしながら仲間に貢献できるか考える機会にします。

評価のポイント

　感想文などをもとに，集団を支える立場にはどんな立場があり，どんな苦労や醍醐味があるか，また，自分や他者の立場なら集団のためにどんな視点で行動することができるかなど，多面的・多角的に，あるいは自分に置き換えて考えられる授業になっていたかを評価します。

本時の流れ

	○学習活動	●教師の手だて　◇評価　※留意点
導入	○マネージャーの役割を考える。	●一般的なマネージャーについての具体的イメージを共有する。 ※教師の意見を挟まず，生徒の具体的な知識を確認する。
	発問　マネージャーってどんなことをするのが役割でしょう。	
展開	○恵美子さんの人柄を確認する。 ○意見交流をする。	●教材をもとに，恵美子さんの身体的特徴や性格，チーム内での具体的役割や行動を確認する。
	○恵美子さんの葛藤に共感する。 ○意見交流をする。	●選手としての活躍を断念する心境に共感させる。 ●なぜチームを離れず，マネージャーとして留まると決意したか，その理由を考えさせる。
	発問　「泣きながら，長い間じっと座」り，どんなことを考えてマネージャーとして陰で働く決心をしたのでしょう（写真を貼る）。	
	○マネージャーとしての喜びの源になっている価値観に気づく。 ○意見交流をする。	●愚痴一つこぼさず，ひたすら選手のために行動し続けた恵美子の心の支えは何かを考えさせる。 ●恵美子がチーム内での役割を果たすことで，生きる意味や喜びを見いだしていることに気づかせる（恵美子が台にいない表彰式の写真を見せる）。
	発問　恵美子を4年間支えてきたものは，何だったのでしょう。	
終末	発問　自分が所属する集団で，仲間に支えられていると感じるのはどんなときでしょう。	
	○自分の所属集団を振り返る。 ○（グループで）意見交流をする。 ○感想文を書く。	●肯定的な面を捉えさせ，行動意欲を喚起する。 ●教材中の主人公の生き方やその他感じたこと，学んだことについて，自由に感想を書かせる。 ●自分の所属集団において，葛藤や辛いと感じること，あるいは喜びや嬉しかったこと，今後，集団や仲間のために自分ができることは何か考えて書くように指示する。 ◇自分に置き換えて書かせる。

準備物

- 「東洋の魔女」として活躍したバレーボールチームの写真（表彰式の写真）
- 感想文用紙

本時の実際

● 導入

短時間で部活動の様子を交流した後，高校でマネージャーをしたい者がどのくらいいるか尋ね，その理由を問いました。中には「選手がかっこいいから」などの発言もありましたが，和やかな笑いに任せ，後に本教材の恵美子さんの心情との違いが明らかになる発言であると受けとめました。

その後，マネージャーの仕事について，具体的なイメージを交流しました。生徒からは，「練習着の洗濯をする」「スコアーをつける」「チームの雑用をする」「陰でチームのために働く」「世話係」といった内容の発言がありました。中心発問に時間をかけるため，テンポよく展開部に入りたいところです。

● 展開

まず，恵美子さんがどんな人か確認しました。身長に恵まれなかったために泣く泣く選手を諦めたこと，愚痴一つこぼさず献身的にチームを4年間支えたことなどです。面倒見がよく，あまり怒らず，いつも笑顔で仲間に接する朗らかな性格であったことに言及してもよいでしょう。基本発問の泣きながらマネージャーを引き受けた場面の葛藤，悔しさ，苦悩などの心情，チームを離れずマネージャーとして選手を支える決意をした考えや生き方について，多くの発言を引き出したいところです。実際に同様の思いを抱く生徒もいるはずなので，共感的に捉えることが大切です。生徒からは，「バレーや仲間が好きだから離れたくない」「選手としてではなく，マネージャーとしてチームに貢献したい」「困難か

明かりの下の燭台

恵美子さんってどんな人だろう？
- 背が低い。明るい人、大らかであまり怒らない人。
- 嫌だけどマネージャーになって、チームを支えた人。
- 献身的なマネージャー。元は選手。
- 縁の下の力持ち。
- いつも笑顔で頑張り屋さん。

「泣きながら、長い間じっと座」り、どんなことを考えてマネージャーになる決心をしたのだろう？
- 選手としては勝てないけれど、役に立てる道があるならやろう。
- バレーボールが好きだから、離れたくない。
- マネージャーとして貢献しよう。
- 選手でなくて、マネージャーとしてオリンピックに行こう。
- チームのみんなと一緒に活動したい。

恵美子さんを4年間、支えてきたものとは何だろう？
- チームのメンバーから信頼されている実感。
- チームに貢献できているという満足感。
- みんなから感謝される喜び。
- バレーボールに対する熱意。
- 選手たちが喜ぶ姿が自分の喜び。
- 監督にも認めてもらえているという思い。
- 自分の仕事に誇りをもってやり遂げたいという人間としてのプライド。
- 自分でやると決めたことを貫く信念。
- 自分がチームを強くするという願い。

[写真]

ら逃げてはいけない」「自分のよさを違った立場で発揮しよう」などの反応がありました。恵美子さんにとって、この決断は並大抵のものではないことを感じさせます。そして、悩み抜いた決断であるからこそ愚痴や泣き言を言わずに4年間チームを支えられたことに気づかせたいところです。

　中心発問を問うことは、彼女の生き方の根底にある信念や価値観を考えることになります。問い返しや追発問により、生徒の考えを深めたいところです。生徒からは「チームに貢献している実感や喜び」「信頼されている実感と自らの存在意義」「選手の喜びが自分の喜び」「やり抜く強い意志」など多くの発言が得られました。

● 終末

　生徒に、所属する集団での自分の立場や思いを振り返らせることは、必ずしも楽しいことばかりとは限りません。辛いことや苦しいこともあることに教師が共感してこそ、生徒は心中を表現してきます。終末の前段の「支えられていると感じること」は、現時点では言えない生徒もいることを忘れてはいけません。そうした生徒には発言を強要せず、見守ることが必要です。恵美子さんのような生き方が決して簡単ではないと言及したうえで、授業全体の感想や自分に置き換えて考えた意見を考えるように促しました。中学の野球部で、自分だけ少年野球の経験がなく、ベンチ入りできない生徒が、声がかれるほど応援に徹する状況とその心情を切々と表現した感想は今も筆者の心に残っています。

（村田）

▶ 内容項目：C-(16)郷土の伝統と文化の尊重，郷土を愛する態度

島唄の心を伝えたい
郷土に息づく心にふれて

掲載教科書

東書	学図	教出
光村	日文	学研
あかつき	日科	

ねらい

郷土の人々や土地を愛し，誇りをもって大切にしている作者の姿に共感することで，郷土の自然や文化に愛着をもち，先人に対する尊敬や感謝の念を深めるとともに，自らもその発展に努めようとする心情を育てる。

教材のあらすじと活用ポイント

　奄美半島を舞台にした教材です。島唄教室に通う生徒の心情と実際の島唄が紹介されています。生徒が島唄を学ぶ過程で，島唄に込められている思いや願いを感じていくことで，島唄が島の象徴であることに気づき，大切にしたいと思う気持ちが芽生えていきます。地域や郷土に伝わる行事に対する人々の思いや願いやその象徴性について生徒に考えさせたいと思います。

「特別の教科　道徳」の授業づくりのポイント

　「主体的・対話的で深い学び」のために話合い活動をさせたいところです。話合いを活発化させるために4人グループをつくり，それぞれの生徒が自分の考えをもち，グループ内で発表します。この際，自分の考えの根拠も示すようにして，自分の考えと他者の考えの違いについても意識するように指導します。

評価のポイント

　郷土の人々や土地に誇りをもち，大切にする作者の姿に共感しているかがポイントになりますが，発問に対する生徒の反応の様子をホワイトボードの記述や話合いの様子から見取っていきます。
　また，授業の終末で，発問に対する生徒の反応や生徒の記入した振り返りシートの記述から生徒が自分の体験を踏まえて自分のこととして考えていたか。そして，他の生徒の発言を聞きながら，自分の考えがさらに深まったり，広まったりしているか，それらが実践意欲につながっている授業になっていたかを評価します。

本時の流れ

	○学習活動	●教師の手だて　◇評価　※留意点
導入	○郷土の伝統行事について考える。	※生徒の理解の程度と興味の有無の傾向を把握する程度にする。
	発問　私たちの町の伝統行事を知っていますか。伝統行事に興味はありますか。	
展開	○教材を読んで話し合う。	
	発問　主人公は島唄から何を学んだのでしょう。	
	○意見交流をする。	●郷土に古くから伝わる民謡は，その土地に暮らす人々の思いや願い，歴史や風俗などが口伝えによって伝えられてきた歌（文化）であることを理解させるようにする。
	発問　私が大切にしたいと言っている「島の心」とは，どのような心のことでしょう。	
	○グループで話し合い，発表する。	●班で話し合い，班で出た意見をホワイトボードに記入して発表するようにする。 ◇自分の考えをしっかりもっているか。話合いにしっかり参加しているか。
	発問　自分の郷土にはどのような心が息づいているでしょう。	
	○自分の郷土について考え，話し合う。	●伝統行事は，決して私たちの暮らしと無縁なものではなく，暮らしと深いかかわりがあることに気づかせるようにする。
終末	○本時のまとめをする。 ・本時を振り返る説話を聞く。 ・今日の学習を振り返り，ワークシートに書く。	●BGMとして「行きゅんにゃ加那節」を流す。 ◇本時を振り返り，生徒の素直なコメントを促し，評価の材料とする。

準備物

- ホワイトボード
- 水性ペン

○自分たちの郷土にはどのような心が息づいているか？
七夕祭り：収穫に感謝する心
盆踊り：先祖への供養と感謝

本時の実際

● 導入

授業のはじめに今日の授業のテーマである「郷土の伝統行事」について考えると伝えました。こうすることによって授業内容がぶれずにねらいに迫れるからです。

次に、「私たちの町の伝統行事を知っていますか」と発問したところ、七夕祭り、盆踊りなどの反応が返ってきました。

その後、「伝統行事に興味はありますか。その理由も教えてください」と発問しました。すると多くの生徒が「興味ない」と答えていました。また、その理由の一つとして自分の暮らしとは関係がないからというものがありました。本時の授業を受けて、自分たちの郷土に興味をもってくれればいいと思います。

● 展開

まず教師が教材を範読して発問に入っていきました。

「主人公は島唄から何を学んだのでしょう」と発問したところ、「島の人の心」という反応が返ってきました。そこで、さらに「島の心ってどんな心ですか」と問い返したところ、「島の人のいろいろな思いや願い」という反応が返ってきました。ここは中心発問でもあるので、班での話合いで、深めようと思いました。まず、「島の人の心とはどんな心でしょう」と課題を確認し、これに対する自分の考えをワークシートに書くようにしました。そして、これをもとにグループでの話合いに入りました。

グループでの話合いの発表では、「島唄を大事に思う島の人の心」「歌い継いできた人

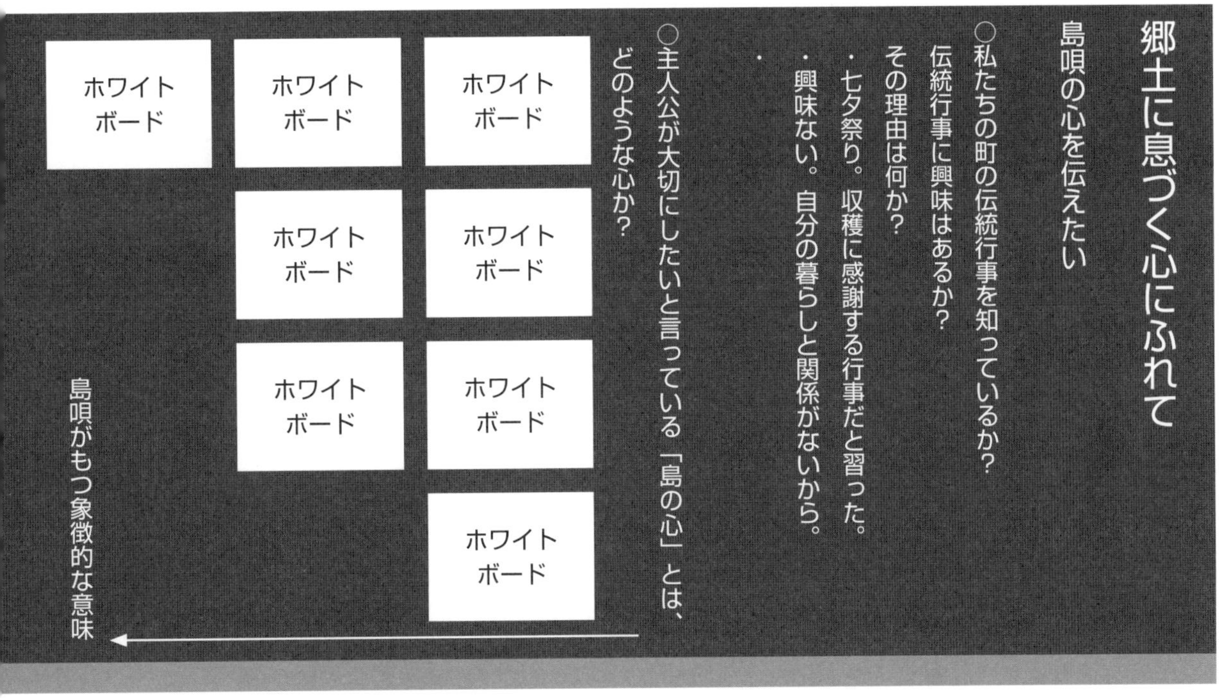

郷土に息づく心にふれて
島唄の心を伝えたい
○私たちの町の伝統行事を知っているか？
伝統行事に興味はあるか？
その理由は何か？
・七夕祭り。収穫に感謝する行事だと習った。
・興味ない。自分の暮らしと関係がないから。
・
○主人公が大切にしたいと言っている「島の心」とは、
どのような心か？
ホワイトボード
ホワイトボード
ホワイトボード
ホワイトボード
ホワイトボード
ホワイトボード
ホワイトボード
ホワイトボード
島唄がもつ象徴的な意味

たちの思い」「唄に込められている先人たちの思いや願い」「島の人々が日々の暮らしの中で感じている，辛さ，悲しみ，喜び，感謝といった感情」といった意見が出てきました。

そして，自分の生活を振り返り，「自分たちの郷土にはどのような心が息づいているのでしょう」と発問したところ，「七夕祭りで収穫に感謝し，地域の子孫が困窮しないように願っている」「盆踊りを続けることで地域の先祖への思いをつないでいる」などの反応がありました。難しい発問にもかかわらず，生徒はそれぞれ，自分の郷土についてしっかりと考えていました。

終末

本時のまとめとして，「行きゅんにゃ加那節」の曲をBGMで流しながら，島唄にいろいろな思いが込められていることを再度確認しながら余韻をもって終わります。

そして，最後に本時を振り返り，今日の授業で思ったこと，考えたこと，学んだことなどをワークシートに書かせて授業を終了しました。

（鴨井）

▶ 内容項目：C−(17)我が国の伝統と文化の尊重，国を愛する態度

父は能楽師
日本の文化を受け継ぐ

掲載教科書

ねらい

身近な伝統文化に対する関心を深め，その先にある日本の文化や芸術を尊重し，継承しようとする態度をはぐくむ。

教材のあらすじと活用ポイント

能楽師の父をもつ竜夫は，父をゲストティーチャーに招いた総合的な学習の時間で，父が明治時代になって一度絶えてしまった能楽家の家系を祖父とともに苦しい修行に耐えて再興したことを知ります。竜夫は何も知らずに稽古をしていた自分を振り返り，父の思いをもっと真剣に受け止めてみようと考え始めます。父の舞う能の姿や能にかける一途な思いが中学生を感動させ，竜夫の能への真剣な姿勢を目覚めさせるのです。何が生徒の心を捉え，竜夫の心を動かしたのかを探りながら自分たちの身近にある伝統文化と日本の伝統文化のつながりを考えます。

「特別の教科 道徳」の授業づくりのポイント

各地域には古くから伝わる伝統文化がある一方で，都会や新興住宅地，団地と呼ばれる集合住宅街などでは伝統文化が生徒たちの生活や心に根づいているでしょうか。また，中学生には日本を代表するような伝統や文化的遺産は，何か自分とは縁遠い高いところにあるものとの思いがあります。自分たちのこのような現状やそのわけを語り合い，教材の内容からさらに考えを深め，日本の伝統文化のすばらしさを発見し，大切にしようという意欲を高めたいと考えます。「地域の伝統文化の延長上に日本の伝統文化がある」との思いから，私たちの国を誇りに思い，大切にしようとする態度が生まれてくるのではないでしょうか。

評価のポイント

話合いの様子や発表時の発言内容に，「自分の日常生活」と「日本の伝統文化や芸能とのかかわり」についてしっかり向き合い，考えているかという視点が大切です。そして，道徳ノートでは，「私はどうかかわっていくのか」考えが示されている授業であったかを評価します。

本時の流れ

	○学習活動	●教師の手だて ◇評価 ※留意点
導入	○日本の伝統文化や芸能について考える。	※深い理由なしで，思いつくまま答えさせてよい。
	発問 日本の伝統文化や芸能と言ったら，まず思い浮かぶのは何でしょう。	
展開	○日本の伝統文化や芸能（芸術）と私たちの今の生活とのかかわりを考え，話し合う。	●社会科で学んだり旅行で行ったりして知ってはいるが，普段の生活とのかかわりではつながりが薄い実態に目を向けさせる。
	発問1 日本の伝統文化や芸能で，知っているもの，興味のあるものを上げ，それらがあなたの生活とどうかかわっているかを考えましょう。	
	○はじめに一人ひとり考えをまとめる。 ○次にそれらを持ち寄り，グループで論議する。	●自分や身近な人とのかかわりがあれば取り上げる。
	○教材を読んで考える。	
	発問2 なぜ，廃藩置県のときに代々続いた能楽が途絶えてしまったのでしょうか。あなたなりの考えをもとに話し合ってみましょう。	
	○グループで意見交流する。	●能学が武家社会の文化であったこと，庶民の暮らしとは縁遠いものであったことに気づかる。 ※他にも芸術作品が否定され流出した事実や，廃仏毀釈などにも触れる（多面的・多角的な視点）。
	発問3 竜夫が「父が厳しい指導で能楽を学ばせようとしている理由を，もっと真剣に考えてみよう」と思ったのはどうしてか考えてみましょう。	
	○他の人の意見も取り入れながら，一人ひとりで深く考えてみる。	●伝統文化は，自然と受け継がれるものではなく，それらにかかわる人たちの大きな努力と責任が必要なことに気づかせる。
終末	○私たちの生活と伝統文化や芸能とのかかわりについて考えを広げてみる。	●郷土の伝統文化に対する態度と日本の伝統文化に対する態度は，同じであると気づかせる。
	発問 私たちの周りにある伝統文化や日本の文化，芸能を受け継いでいくには，どのようなことが大切なのか考えてみましょう。	
	○道徳ノート（振り返りシート）に記入する。	◇自分とのかかわりで書くように促す。

準備物

・ICT 機器
・道徳ノート（振り返りシート）
・場面絵

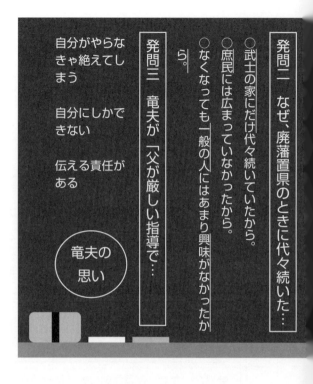

発問二 なぜ、廃藩置県のときに代々続いた…
○武士の家にだけ代々続いていたから。
○庶民には広まっていなかったから。
○なくなっても一般の人にはあまり興味がなかったから。

発問三 竜夫が「父が厳しい指導で…

竜夫の思い

自分がやらなきゃ絶えてしまう

自分にしかできない

伝える責任がある

本時の実際

● 導入

「今日は、日本の伝統文化や芸能について、みんなで考えてみよう」と授業のテーマについて触れて、導入の発問をしてみました。

ちょうど、1学期の中盤に修学旅行で、京都・奈良の文化にふれてきたところですので、多くの生徒から「法隆寺」「清水寺」といった歴史的建造物の名前が挙がりました。「文化や芸能ではどうですか」という問いでは、狩野派の襖絵や葵祭、祇園祭といったお祭りの話が出ました。芸能の面ではなかなか思い浮かばず、ヒントを与えたところ、能や狂言という名称が出てきました。

そこで、導入と終末では、歴史的建築物や能・狂言といった芸能などをICTを用いてスクリーンに映し、興味・関心を高めました。

● 展開

展開のはじめに教材を読むのが一般的ですが、ここでは、導入にもあったように、「学んで」「出合って」理解したという人がほとんどなので、「生活とのかかわりでどう実感していますか」と問うことにより、自分たちの実情を再確認させました。展開の発問1では、4人程度のグループになって自分の考えを述べ合う場面で、いろいろな日本の文化、芸能の名前は挙がりましたが、「自分の普段の生活とはあまりかかわりがない」「意識したことがない」など、縁遠いという発言が多く出ました。

次に、教材を範読して、実際に日本の伝統芸能とともに暮らし、継承している主人公の竜夫やその父の真剣な思いにふれて考えさせるようにしました。

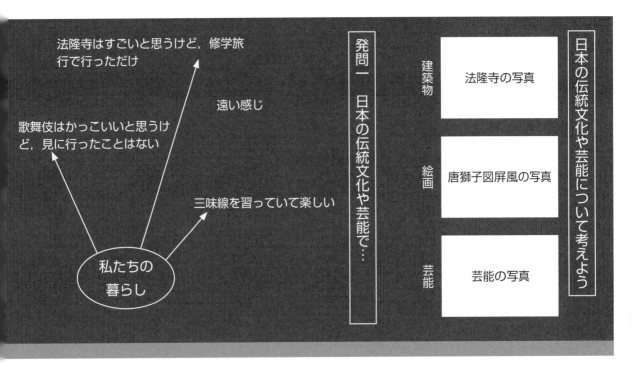

発問２で，武家の文化であった能学が，武家が途絶えることでなくなってしまった事実に目を向けさせました。ここでは，生徒の想像力を生かしたいと思いました。「能が庶民の中に根づいた芸能ではなかったのではないか？」という意見が出たのには驚きました。また，「明治の大きな変化のときに，自分たちの生活が優先で，芸能まで気にかけていられなかった」という意見も出て，盛り上がりました。大切な文化でも，人々が必要としなければ消えてしまう危うさがあることが，理解できました。発問３では，「竜夫はいい加減な気持ちで継いでいたら，いつか大切な能を途絶えさせてしまうかもしれないと真剣に思ったから」という意見が出て，伝統を継ぐ人は，大変な責任を負っていると感じ取ったと思いました。

● 終末

伝統文化を尊重して継承していくことの大切さを知っても，「わたしには関係のないことだ」と思えば，いつか消えてしまいます。私たちが折あるごとに意識し，生活の中に少しでもかかわりを見つける努力をする必要があります。終末の発問とともに，「私たちの身の回りにある郷土の伝統文化と日本の伝統文化はまったく違ったものなのかな」という視点を投げかけました。道徳ノートには，「私たちの町のお祭りや太鼓の芸能には参加して楽しんでいるのだから，能や狂言も一度は見て肌で感じることが大切だと思った」という意見が挙がり，単に重要だから大切にしなければという見方から，一歩行動への意識が感じられました。「土蜘蛛」の映像を流して終わりました。

（永林）

▶ 内容項目：C－(18)国際理解，国際貢献

海と空―樫野の人々―
国際社会の一員として世界の平和のために自分ができること

掲載教科書

ねらい
エルトゥールル号遭難救助時とイラン・イラク戦争邦人救助時の判断行動を知り，バトンを受け取った自分も，国際社会の一員として，気高く，人間同士尊重し助け合おうとする道徳的実践意欲を育てる。

教材のあらすじと活用ポイント

　イラン・イラク戦争の最中，トルコ政府の判断，トルコ航空の救援機でテヘランから脱出できた私は樫野を訪れ，トルコ人が親日的である理由を知ります。樫野の人たちは，嵐の中で遭難したエルトゥールル号のトルコ人を助けるため，深い愛で手を差し伸べたのでした。

　長い読み物で，時の流れも場面設定も複雑なので，読み取る力に違いがあっても道徳的な学びに向かえるよう，理解を支援する工夫をします。朝学習などで教師が読みながら，正しく場面理解できる補助掲示をしておくことも一つの方法でしょう。また，特別活動や総合的な学習，PTA行事などと上手に結びつけ，桂春蝶さんの『約束の海～エルトゥールル号物語』という創作落語の視聴覚行事やDVD視聴の取組なども工夫し，保護者のご協力も得ながら一緒に，バトンを受け取った自分たちの生き方を深く考えさせることができるとすばらしいです。

「特別の教科　道徳」の授業づくりのポイント

　本教材は，イラン・イラク戦争時のトルコが日本に行った救援の象徴「空」と，100年前，エルトゥールル号遭難時の日本人がトルコ人に行った救助の象徴「海」がつながる話です。様々な資料を手に入れやすいので教材研究を深め，「日本とトルコの，昔のいい話」でなく，自分の生き方として考えさせる工夫をします。

評価のポイント

　発表や意見交流しているときの様子，記入した振り返りシートなどの生徒の学習状況の評価をもとに，世界平和と国際貢献の実践意欲をもつような気づきがある授業であったかを評価します。

本時の流れ

	○学習活動	●教師の手だて　◇評価　※留意点
導入	○教師が話を読むのを聞き，内容を理解する。	●掲示物も用いてわかりやすく紹介する。
	発問　海と空がつながる樫野の海を見て，私はどんなことを考えていたのでしょうか。	
	・日本とトルコは助け合ってきたんだなあ。	※最後に学びの深まりを確認する。
展開	発問　樫野の人々がトルコ人を助けたのは，どんな想いからでしょうか。	
	・目の前に死にそうな人がいたら，見捨てることなどできない。純粋に助けたいと思った。 ・国が違っても，同じかけがいのない命だから。	●同じ紀州沖で起きたノルマントン号事件から4年後である。生徒たちの様子によっては，日本人が救助されなかったことに触れ，心をゆさぶることも考えられる。
	補助発問　「わしらもトルコの方も一緒じゃ」とは何が一緒なのですか。	
	・命の尊さ。トルコで待っている家族もいる。	◇友達の意見から学ぶ様子も評価する。
	補助発問　「樫野地区の畑には，一個のサツマイモも…無かった」とはどういうことですか。	
	・畑のサツマイモも，非常用のニワトリも全部，トルコの人たちを元気にするためにあげたので，自分たちが食べるものもなくなった。	※飢饉で，多くの方々が亡くなった経験もある。食べ物を提供し続けるには国を超えた人間愛があったことに気づかせる。
	発問　トルコの人々の行動はどのような想いに支えられていたのですか。	
	・困っている人を助けたい。 ・恩返しをしたい。	※オザル首相やトルコ航空機長の話もする。
終末	○実は，トルコ地震，東日本大震災でも続いた助け合いを知り，手渡されたバトンを考える。	※掲示物から考え，気づかせる。
	発問　海と空がつながる樫野の海を見て，あなたはどんなことを考えるでしょうか。	
	・自分たちが死ぬかもしれない状況でも，目の前の人が困っていたら助けて，人間は素敵だ。 ・いろいろ難しいだろうけれど，同じ人類として国籍は関係なく助け合い，よりよい世界をつくっていきたい。 ○気づいたこと，考えたこと，感じていることを振り返り，シートに記入する。	※さだまさし「いのちの理由」をかけておくのもよい。 ◇バトンを受け取った自分と結びつけ，これからの生き方を考えることができたか。 ※生徒たち自身が，授業前後での学びに気づいて自覚できるよう，シートは工夫する。

準備物

- 掲示物（日本（和歌山・樫野）の地図，イラン（テヘラン），イラク，トルコの地図，時系列に出来事をまとめたもの他）
- 振り返りシート（授業のはじめと比較して終わりの気づきが生徒自身でメタ認知できるような書き方にする）
- さだまさし「いのちの理由」の音楽CD

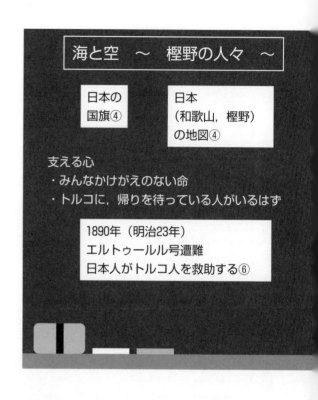

本時の実際

● 導入

長い話で場面設定も複雑なので，朝学習などで教師とともに読んでおくと，考えるべきところに時間をとることができます。

授業のはじめに，掲示物を用いて時の流れと出来事を確認します。板書は構造的に時系列で整理します。まず，イラン・イラク戦争時から始めて，トルコ航空機の写真，中東の地図で位置関係を理解しイメージをもたせます。次に，和歌山の地図，樫野の断崖絶壁，エルトゥールル号の写真で100年前に想いを馳せます。

授業の前と後の感じ方の深まりを生徒たちに気づかせるため，あえて導入と終末でほぼ同じ中心発問を問うてみます。このときには，ここで船が難破して助けたおかげで，私は助かったんだなぁ…ということで十分です。

● 展開

樫野の人々とトルコの人々がお互いを助けるときに，どのような想いに支えられているのかを考えます。

まず，樫野の人々がトルコ人を救助したときに入り込みます。夢中で目の前の人たちの命を助けたいと純粋に思ったことでしょう。もしも，助けて当然だとあまり深く考えずに言っている場合には，同じ紀州沖で起きたノルマントン号事件では日本人が人種差別で助けられなかったことも紹介して，心をゆさぶってもよいでしょう。言葉が異なる大きな体の人たちを，自分たちの危険を顧みずに断崖絶壁を引き上げて助けるとき，また，飢饉で多くの方々が亡くなった経験もあるのに，自分たちの食べ物もなくなる状況で元気になるまで世話をし続ける気高い愛を感じさせます。

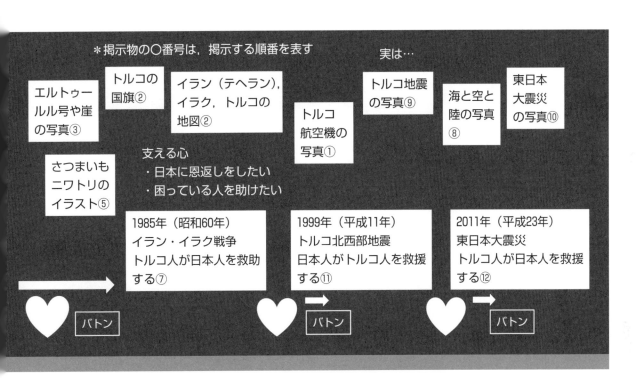

「わしらもトルコの方も一緒じゃ」の何が一緒かを考えることは、多面的・多角的にねらいに迫ることになります。自分たちの命と同じようにトルコの人の命の尊さを感じたからこそ、葛藤の中でも献身的な判断と行為ができたのでしょう。

次に、トルコの人たちの判断と行為を支える背景と心を考えます。イラン・イラク戦争で空爆が激しくなってきたときの、邦人救出のオザル首相の決断の話や、トルコ航空機の機長、CAの子孫などの話が様々な資料に残っているので、生徒たちの様子によって紹介します。

2つの歴史的事実、100年の時と場所と国籍を超えた人間としての行動と心に対して、感じることを友達同士で表現する様子が見られたら、そのことを評価したいです。

● 終末

エルトゥールル号の海と、トルコ航空の空がつながる水平線ですが、実は、この話の後もバトンは手渡しされ続けます。トルコ地震、東日本大震災の写真を貼り考えさせると、トルコと日本の救助にすぐに気づき、「あ、海と空と地面(陸)だ」と言います。

導入では一読後、私の想いを考えてみましたが、終末では、話に入り込んで学んだ後、自分が樫野の丘に立ったらどんなことを感じるか、想像してみました。「昔、日本人が外国人に親切にしたから、外国人は日本に恩返しをしたんだ」だけではなく、手渡された温かいバトンの責任を感じた自分が国際社会の一員としてこれからどのように生きていくか、「いのちの理由」の歌の余韻の中で実践意欲をはぐくめたらすばらしいです。

(野本)

▶ 内容項目：D−(19)生命の尊さ

掲載教科書：東書／学図／教出／光村／日文／学研／あかつき／日科

ドナー
生と死について考えてみよう

ねらい
脳死やその状態からの臓器移植という現代的な問題の中の生命という本質的な部分に目を向け，死と向き合いながら，生と死の問題をさらに深く考えることにより，生命の尊さについて，その連続性や有限性なども含めて理解し，かけがえのない生命を尊重する道徳的態度を育成する。

教材のあらすじと活用ポイント

　医療技術の進歩により生まれてきた脳死という状況。そして，脳死状態の人の臓器を移植するという治療法が認められるようになりました。しかし，意思の有無にかかわらず，自分や大切な人の死と向かい合うことは誰にとっても重いテーマであり，ドナーになることは簡単に答えが出せるものではありません。ここに掲載されている2つの投書「娘をドナーに私はできない」と「家族の場合に迷う臓器提供」から，切なさや迷いや素直な思いと共感しながら死を考えることによって，逆に生命について，様々な立場からより深く考えていきます。

「特別の教科　道徳」の授業づくりのポイント

　まず重要なことは，結論をせっかちに出して，それに理由づけをしていくようなことをしてはいけないということです。現実に目の前で直面し，今ここで右か左か，白か黒かという選択を突然迫られているのではありません。ドナー（臓器提供意思表示）カードに提供の意思を示すか示さないかという二者択一の問題としてではなく，「特別の教科　道徳」の1時間の授業として，2つの投書に共通する相反する気持ちや考えの根底にある「生命尊重」の思いに共感し，じっくりとより広く，深く考え合うための時間として位置づけていくことが求められます。

評価のポイント

　授業中の発言や様子，また記述した振り返りシートをもとに，生命の尊さについて，自分自身とのかかわりで広い視野から多面的・多角的に考え，人間としての生き方について考えを深められるように適切に授業が構成されていたかを評価します。

本時の流れ

	○学習活動	●教師の手だて　◇評価　※留意点
導入	発問　ドナーカードを知っていますか。	
	○ドナーカードについて知る。思い起こす。 ・心臓死でなく脳死で提供できる。	●ドナーカードについて説明をする。 ・臓器提供意思表示カード。
	発問　脳死とはどのような状態ですか。	
	○脳死について知る。	●脳死についての説明をする。
展開	「娘をドナーに私はできない」 ○投書の内容を振り返り，整理する。	●投書の内容を振り返り，整理させる。
	発問　ニュースに涙したことを思い出して，何がとても切なかったのでしょう。	
	○母の思いに共感する。 ・幼い子の母親の思いを考えて。 ・自分の娘の死だったらと考えて。 ・生きていてほしい。	●母の切ない胸の内を考えることで，「死」や「生」に対する思いに共感させる。 ※親として胸の引き裂かれるような思いに共感できるように誘う。
	「家族の場合に迷う臓器提供」 ○投書の内容を振り返り，整理する。	●投書の内容を振り返り，整理させる。
	発問　妻が，私のカードを秘密の場所に保管したり，この投稿者がこれほど迷うのはなぜでしょう。	
	○この投稿者や妻の思いに共感する。 ・正解のない問題，軽々しく判断できない。 ・愛する人の死や生にかかわることだから。	●互いに家族を愛する気持ちや，移植医療に対する思いに共感させる。 ●「あげたくない，でも，もらいたい」という気持ちに向き合わせる。
終末	発問　生命（いのち）についてどのようなことを考え，学びましたか。	
	○生命尊重について考える。	●2つの投書の，投稿者のぶつかり合う胸の内の根底には，生命尊重の思いがあることに気づかせる。
	発問　今日の授業で，考えたこと，学んだこと，発見したことを振り返りシートに書いてください。	
	○今日の振り返りを書く。	◇自己や他者の考えが書けているか。 ◇発見や深まりがあるか（配布／回収）。

準備物

- 発問提示短冊
- 挿入絵
- 振り返りシート

> 「あげたくない、でも、もらいたい」
> ・私が脳死状態になったら、妻には、臓器提供の意思を承諾してほしい。
> ・妻が、私のカードを秘密の場所に保管したり、この投稿者がこれほど迷うのはなぜでしょう？
> ・正解のない問題、軽々しく判断できない。
> ・愛する人の死や生にかかわることだから。
>
> 生命（いのち）についてどのようなことを考え、学びましたか？

本時の実際

● 導入

まず、この教材の内容を理解する前提条件となるドナー（臓器提供意思表示）カードについて、生徒とやり取りを交わしながら予備知識を共有します。

さらに、脳死状態の人の臓器を移植するという治療法が認められるようになったことにより、我々が向かい合わなければならなくなった新たな死である「脳死」について触れておきます。

すでに、ここで脳死への抵抗を示す生徒もいますが、ここは我慢して少し話を先へ進めます。

● 展開

全体を範読した後、まず、1つ目の投書の中の、娘の一言とそれに対する母の思いを書かれている内容をもとに、生徒とやり取りをしながら整理して確認していきます。そして、狭く自分勝手かもしれないと思いながらも、娘の命をとても大切に思う母の気持ちを「切なさ」という言葉を糸口に、みんなで考え合いながら共感していきます。

「それが大人なら、ある程度人生を生きて本人の意思があれば、提供も考えられると思う」という言葉が次の投書につながります。

しかし、家族の場合、この投書は夫婦であり大人ですが、やはり愛する人の命への身勝手なほどの強い思いは、単に理屈だけでは片づけられないものがあります。

そこで、秘密の場所に保管したり、こんな

ドナー

ドナーカードの写真

- ドナーカード（臓器提供意思表示カード）提供しない意思表示もできる。
- 「脳死」…脳全体の機能が失われ、もとには戻らない状態のこと。

- 娘をドナーに私はできない
- 親にとって子どもは何より大切なもの。
- お母さんはできない。
- 体だけでも取っておきたい。
- 心臓移植を待ちながら亡くなった幼い子のニュースに涙した

> ニュースに涙したことを思い出して、何がとても切なかったのでしょう？

とても切なかった

- 幼い子の母親の思いを考えて。
- もしそれが自分の娘の死だったらと考えて。生きていてほしい。
- 家族の場合に迷う臓器提供
- 妻は、私の場合に迷う臓器提供
- 私は移植医療の現場を見てきた。
- 妻が脳死になっても心臓が止まり体が冷たくなるまで抱擁していたい（素直に受け入れられない）。
- 妻が移植医療以外に助からないとなれば、移植医療を受けさせたい。
- （再び日常生活を与える）（可能とする医療）

● 終末

　臓器提供は、決して自他の生命を軽んじて行うものではなく、するにしてもしないにしても、最も大切なのは、このことを通して、生命を尊重するという心を様々な立場からより深く考えることにより、太く豊かにしていくことであり、考え続けることです。そこで終末には、自分やみんなの意見を聞いて自分が死や生命について考えたこと、学んだことをたっぷりと時間をかけて考え、心の中を顧みながら振り返りシートを書かせます。

　今後も、少しずつ整理して考え続けていける一助として、「心のノート」や「私たちの道徳」の生命尊重のWeb版を配布し読み合わせます。時間がなければ、道徳ノートの文を丁寧に読み合わせるのもよいでしょう。

にも迷う、その根底に流れる「生命尊重」という気持ちに、みんなで丁寧に、五感を総動員して共感し考え合いたいところです。

（名和）

▶ 内容項目：D−(19)生命の尊さ

掲載教科書：東書 学図 教出 光村 日文 学研 あかつき 日科

くちびるに歌をもて
最後まであきらめないで生き抜こう

ねらい

たとえどんな困難に出合ったとしても，最後まであきらめないで生き抜こうとする態度を育てる。

教材のあらすじと活用ポイント

　主人公のマッケンナの乗船していた船が，他の船と衝突して沈没してしまいます。ただ一人不安を感じながら，暗い海の波間を漂流するマッケンナは，どこからかきれいな歌声が聞こえてくるのを耳にします。歌が聞こえる方向へ泳いでいくと，一本の大きな材木につかまる数人の女性を目にします。歌を歌っていたのはその中の一人の若いお嬢さんでした。死の恐怖におびえながらも，彼女の歌声に勇気づけられた人々は，彼女を中心に合唱を繰り返します。そこへ救出のボートがやって来て，全員助け出されます。なぜマッケンナは生きのびることができたのかを考えることによって，生命の尊さについての理解が深められる教材です。

「特別の教科　道徳」の授業づくりのポイント

　発問以外に，「もし歌声が聞こえてこなかったら，マッケンナはどうなっていたと思いますか」「マッケンナは歌声を聞きながら，何を思ったのでしょうか」「なぜお嬢さんは，最後まで歌い続けたのでしょうか」などの問いかけをします。それによって，人は周りの支えがあって生かされていることや，人の役に立つことが人に使命感や自己有用感，生きようとする意欲をもたらすことなどに気づきます。このように，どうすれば教師が授業のねらいを生徒に伝えられることができるのかを考えながら，発問や問いかけを構成していくことが大切です。

評価のポイント

　授業の最後に，「授業の内容を理解することができたか」「自分のこととして考えることができたか」「参考になる他の人の意見があったか」「印象に残ったことは何か」について授業を振り返り，多面的・多角的な見方や考え方ができる授業になっていたかを評価します。

本時の流れ

	○学習活動	●教師の手立て　◇評価　※留意点
導入	○教材のあらすじの説明を聞く。	●教材に関する導入を行う。
展開	○教材を読む。 発問1　マッケンナは一人漂流していたとき，何を思っていましたか。 ○マッケンナは，一人でとても不安であることを確認する。 発問2　なぜマッケンナは，最後まで生きることをあきらめなかったのですか。 ○人は支え合いながら生きている，生かされていることを確認する。 発問3　なぜ命は大切なのですか。 ○4人グループになって意見交流し，そこで出た意見をホワイトボードに記入して黒板に掲示する。 ○参考になった他の生徒の意見を，ワークシートに赤で記入する。	●「もし歌声が聞こえてこなかったら，マッケンナはどうなっていましたか」と問いかける。 ●「マッケンナは歌声を聞きながら，何を思っていましたか」と問いかける。 ●「なぜお嬢さんは最後まで歌い続けたのですか」と問いかける。 ※マッケンナだけでなく，お嬢さんの気持ちも考えるようにする。 ◇話合いの様子を観察することによって，多面的・多角的な見方や考え方ができているか。
終末	○教師の説話を聞く。 ○評価のポイントにある，授業の振り返りをする。	●授業のねらいが伝わるような話をする。 ※振り返りの内容を，今後の授業を行う際の参考にする。 ◇ワークシートをファイリングしておいて，評価の資料にする。

準備物

- 裏に磁石がついたホワイトボード
- ホワイトボード用のペン
- ワークシート（事前に生徒が勝手に記入してしまうのを防ぐため発問が記載されていないものを用意します。また，他の生徒の意見で参考になったものがあったら，それを赤で記入します。授業の最後でワークシートの下に記載してある，評価のポイントで触れた授業の振り返りをします。それらが多面的・多角的な見方や考え方ができたかを評価する際の資料になります。記入後のワークシートもファイリングしておくと，後日資料になります）

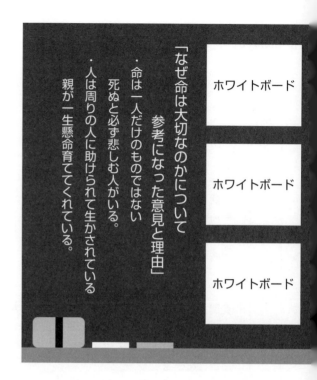

「なぜ命は大切なのかについて参考になった意見と理由」
・命は一人だけのものではない死ぬと必ず悲しむ人がいる。
・人は周りの人に助けられて生かされている
・親が一生懸命育ててくれている

ホワイトボード
ホワイトボード
ホワイトボード

本時の実際

●導入

　導入には大きく分けて，教材の内容に関する導入と，授業で扱う道徳的価値に関する導入の2つがあります。ただ最近は，展開の後半に自分への振り返りをさせることが多く，そこで時間をかけたいため，教材のあらすじの説明のみの導入をよく目にします。

　仮に，本授業で道徳的価値に関する導入を行うのであれば，一つの例として展開の後半で行う「なぜ命は大切なのですか」という発問を，最初の導入でも行います。その後，展開で考えが深まることによって，同じ発問に対する自分の考えが変わっていきます。その理由を生徒に考えさせ，その様子を教師が見取っていくことが，多面的・多角的な見方や考え方に関する評価の資料になります。

●展開

　マッケンナは愛する家族のために，生き続けなければと思います。ただ，もし歌声が聞こえてこなかったら，マッケンナは力尽きて死んでいたかもしれません。そのことについて，発問1「マッケンナは一人漂流していたとき，何を思っていましたか」や問いかけ「もし歌声が聞こえてこなかったら，マッケンナはどうなっていましたか」を通じて考えさせるようにします。それによって，人は一人では生きていけないことや，周りの人に支えられながら生かされていることに気づきます。

　発問2「なぜマッケンナは，最後まで生きることをあきらめなかったのですか」や問いかけ「マッケンナは歌声を聞きながら，何を思っていましたか」「なぜお嬢さんは最後ま

「くちびるに歌をもて」

主人公のマッケンナ

発問一「一人漂流していたとき」
・死に対する恐怖。
・助けが来てくれるだろうかという不安。
・家族のことを思うと絶対に死ねない。

発問二「最後まで生き抜いた理由」
・生きたいのは自分一人ではないから。
・自分が生きるのをあきらめたら、きっと他の人もあきらめてしまうから。
・お嬢さんに元気づけられたから。

発問三「なぜ命は大切なのか」

[ホワイトボード]
[ホワイトボード]
[ホワイトボード]

で歌い続けたのですか」を通じて、支えられる側だけでなく、支える側もそれを使命と感じ、周りの人に生き続けてほしいと願うようになり、周りの人のために何が何でも生き抜こうとしていることに気づきます。このように思い思われることが、自他の生命を尊重する心をはぐくみます。そこまで考えを深めさせることが大切です。

そして最後に、発問3「なぜ命は大切なのですか」によって、教材から離れて自分への振り返りをします。4人グループでの話合いを通じて生徒から、「命は自分だけのものとは限らないから」「親が一生懸命育ててくれたものだから」「世界には、生きたくても生きられない人がたくさんいるから」など、命が自分一人だけのものではないことに気づいた意見が、いくつも出てきました。

終末

命が大切なのは普遍的なことであり、誰もがそれを否定することはできません。ただ、当たり前すぎることを説明するのは難しく、実際なぜ命が大切なのかを言葉にできる生徒は、意外に少ないように思います。だからこそ、終末で行う教師の説話が大切になります。自己有用感の高まりと命を大切にすることは、密接な関係があります。例えば、人は周りの人から必要とされると自己有用感が高まり、自分だけでなく相手のことまで大切にするようになり、それが自他の命を大切にすることにつながっていきます。実際、教材に出てくるお嬢さんがまさにそうだと思います。そういった例を説話で示すことが、生徒の生命の尊さについての理解を深めるうえでとても重要です。

（柿沼）

▶ 内容項目：D−(19)生命の尊さ

命の選択
「生きる」ということ

掲載教科書：東書／学図／教出／光村／日文／学研／あかつき／日科

ねらい
祖父の意思に反して延命措置を施すことについて葛藤する家族の姿を描いた文章と，尊厳死に対する複数の立場の新聞投稿を通して，命について多面的・多角的に考えさせ，生命を尊ぶ道徳的心情を育てる。

教材のあらすじと活用ポイント

　僕の祖父は肺炎におかされ余命幾ばくもない状況にあります。祖父は以前から「延命措置はしないでほしい」とその意志を家族に伝えています。しかし，文中にはそれが自分の生き方や生に対する考え方から起因するものであるのか，家族に迷惑をかけたくないからなのかは詳しく描かれていません。一方，それが肺の痛みを緩和するものであることや，症状の改善につながる治療の一環だと人工呼吸器をつける提案を主張する医師の言葉に，父母は思い悩んでしまいます。結論としてはせめて祖父の胸の痛みを和らげてあげたいとの願いや症状の改善への一縷の希望から，人工呼吸器をつけることを選択する父母。「どうすればよかったんだろう」と投げかける父の言葉にゆれる僕の心情を深く慮ることができる教材です。

「特別の教科　道徳」の授業づくりのポイント

　本教材では，両親の下した「命の選択」と，尊厳死を巡る新聞への投稿（3つの考え方）をあわせて投げかけることを意図した構成になっています。より自我関与させやすく問題解決的な議論を仕組みやすいため，いかにして生徒たちを僕に自我関与させて考えさせるかが大切になるでしょう。また，新聞への投稿を起点に社会でも結論が出ていない尊厳死についても考えさせることで，「命の大切さ」を深く考える手がかりとしたいものです。

評価のポイント

　本教材は短い資料でありながらも，祖父，父母，僕の心情を考えさせながら，「命の大切さ」を深く考えることができる教材です。とりわけ僕の心に焦点を当てて深く考えさせる授業になっていたかを評価します。

本時の流れ

	○学習活動	●教師の手だて　◇評価　※留意点
導入	○「命」についてこれまで学んできたことを振り返る。 ○命が大切である理由を考える。 ・一つしかない。死んだら終わる（唯一性）。 ・限りがある（有限性）。 ・受け継がれてきた。つながってきた（継承性）。	●本時の「学びのテーマ」への方向づけをする。 ●これまで学んできた命について、大切である理由（唯一性や有限性、継承性、神秘性など）をまとめ、板書で確認する。 ●大切な命を「選択する」というのは間違っているのではないかと、批判的に「学びのテーマ」を投げかけ、教材の範読につなげる。
	学びのテーマ　「命」を選択することは間違っていないか。	
展開	○教材を読んで考える。	※付録DVD収録の「朗読」を活用してもよい。
	発問　「命の選択」は間違っていると思いますか、それとも間違っていないと思いますか。ワークシートに書き、理由とともに発表しましょう。	
展開	〈間違っている理由〉 ・祖父は、「一つしかない命は大切にすべき」と考えている。 ・祖父は、自分の命を自分で選択している。 ・祖父は、家族の負担や先のことを考えている。 ・父母や僕は、祖父ともっと話し合うべき。 〈間違っていない理由〉 ・父母は、祖父を痛みから救いたいと考えている。 ・父母は、祖父に生きていてほしいと願っている。 ○意見交流をする（多面的・多角的な見方・考え方）。 ・祖父の考えに賛同する。自分で自分の命について考えている。 ・父母に賛同する。もしかしたら症状が改善するかもしれない。家族として当然そう考える。 ・どうしたいいかわからない。難しい。 ・祖父の意思を大切にすべきだと思う（自分も）。 ・父母は、祖父ともっと話し合うべきだと思う。	●「大切な命を選択することは間違っているのではないか？」と批判的に問うことによって、様々な意見を引き出す。 ・祖父の、延命措置はしないでほしいという考えの理由も推測させるようにする。 ・相互指名や意図的指名によって多様な意見を発表させ、構造的に板書する。 ・それぞれの理由から、自分との違いを明確にさせ、賛同する考えに挙手を求める。 ・考えたけれどわからないという意見も認める。 ●「命の選択」に対する様々な意見を聞いて話し合う。 ・様々な考えをすべて受け入れる場とする。 ・身近な家族であることを念頭に、どうしたらよかったのか（自我関与）を問う。
	発問　「命の大切さ」について、考えましょう。	
終末	○「命の選択」について意見や発表を聞いて、考えたことや学んだことをワークシートに書く。 ○新聞の投稿記事を読んで、新たに考えたことを発表する。 ・尊厳死の考え方は今の自分には難しい。 ・どう考えればよいのかわからなくなってきた。	●話し合った結果、現在の自分の考えをまとめる。 ●オープンエンドのスタイルにすることによって、将来、考えることが必要になる事柄だと捉える。 ◇主体的・対話的な話合いの結果、「命が大切である」と捉える視野が広がり、多面的・多角的に考えるようになっているかどうか。 ※家庭で再考してみることを提案する。

準備物

- DVD「朗読」
- 場面絵
- 新聞記事
- ワークシート

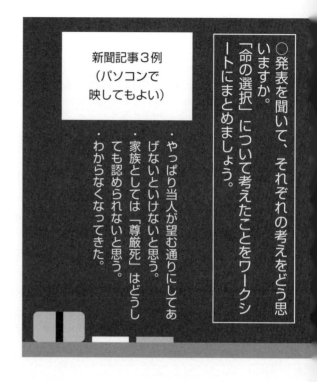

○発表を聞いて、それぞれの考えをどう思いますか。
「命の選択」について考えたことをワークシートにまとめましょう。

- やっぱり当人が望む通りにしてあげないといけないと思う。
- 家族としては「尊厳死」はどうしても認められないと思う。
- わからなくなってきた。

新聞記事３例
（パソコンで映してもよい）

本時の実際

💠 導入

　これまで学んできた命について、大切である理由をまとめて板書で確認します。確認することで、「学びのテーマ」について考えていく際のよりどころを築いておきます。学びのテーマ（学習のめあて）を設定することは、道徳科の授業の中で、今後頻繁に登場する形式の一つだと考えます。１・２年で学んできた「命」についての教材のタイトルや挿絵を提示したり、３年で学んだ教材のワークシートを見るよう促したりして、これまでの学びを振り返らせるとよいでしょう。その際、命の「有限性」「継承性（連続）」「神秘性（偶然性）」等々をカテゴライズして構造的な板書に表現することで、生徒の理解を整理していきたいものです。

💠 展開

　「間違っている」「間違っていない」の２つのどちらの立場に立つかを明確にし、理由とともに発表させ、対話的な学びをさせたいものです。祖父の意思を尊重するということは、祖父の死が早まる可能性を意味します。しかしながら、その祖父は、家族に辛い選択をさせないためにも、また、おそらくは天命をあるがままに受け入れるために延命措置を拒んでいます。一方、父母の立場からは、大切な祖父を「痛みから救いたい」「治療の一環として人工呼吸器で症状の改善が見られるかもしれない」「少しでも長く生きてほしい」との思いから、祖父の延命措置を選択します。
　そのどちらが正しいとは誰にも判断のつかない難しい問題ではありますが、生徒たちと「命の大切さ」について深く考える機会とし

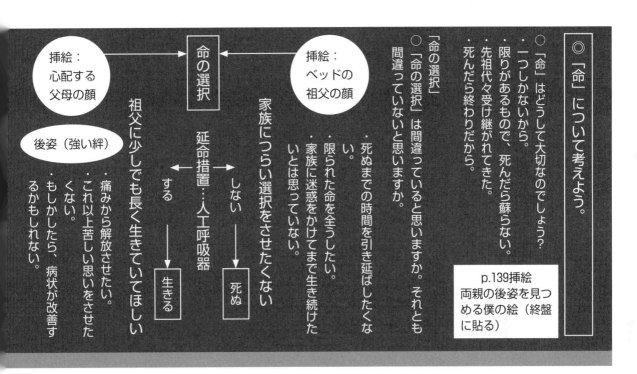

たいものです。

命の選択は「間違っていたのか」「間違っていなかったのか」悩む父の言葉に自分だったらどう答えるかを問うことで、主人公に自我関与させて考えます。また、仲間の意見の理由にも言及させることで、多面的・多角的なものの見方・考え方に触れさせ、対話的な学びを深めていきます。

延命措置を選択した父の迷いがある姿を見た僕の答えには、生徒が「命」についてどのように考えたかが反映されています。熟考を促すことで、じっくりと命に向き合わせます。

● 終末

学習の最後に「命」を考えることは、いずれ自らも必然的に向き合わざるを得ない「生死」を考えることでもあります。死は決して避けられないことではありますが、だからこそ自分たちが「死」をどのように捉え、今ある「生」をどのように生きていくのかを見つめさせたいものです。

また、教材に新聞記事の資料が掲載されていることから、本時に尊厳死についても合わせて考えさせても、家庭で読んで話し合うような課題を出してみてもいいのではないでしょうか。その際は、様々な選択肢を容認する姿勢で、自分には見えない考えを互いに温めさせましょう。

(淀澤)

▶ 内容項目：D－(20)自然愛護

サルも人も愛した写真家
あなたなら，どうする？

掲載教科書：東書／学図／教出／光村／日文／学研／あかつき／日科

> **ねらい**
> 野生生物と人間の共存についての葛藤を通して，野生動物と人間の共同の厳しさに気づき，自然環境の課題に取り組もうとする態度を養う。

教材のあらすじと活用ポイント

　青森県，下北半島に生息しているサルは，国の天然記念物に指定されています。このサルに魅了され，写真家松岡史朗さんは，移住してまで写真を撮り続けてきました。しかし，長年の保護の結果，サルは数を増やし，食べ物を求めて畑を荒らすなど住民の生活を脅かすようになってきました。住民は，悪さをするサルの駆除のため，サルの性格や顔を知っている松岡さんに薬殺するサルを区別してほしいと頼むという教材です。

「特別の教科　道徳」の授業づくりのポイント

　生徒に松岡さんと自分を重ねて考えさせ，同じような場面に遭遇したときに，どういう行動をとるべきかを考えます。生徒は教材を通して，松岡さんのサルを愛する気持ちと，人間に迷惑をかけるサルを見分けられるのは自分しかいない現実を理解するでしょう。その気持ちに共感しながら，薬殺するサルを区別するかしないか，なぜそうするのかについて友達と意見交流します。

　毒殺に協力した松岡さんの姿を伝え，愛したサルの最期を見届けた心情について考えていきます。

評価のポイント

　記入したワークシートをもとに，自然との向き合い方，命あるものとの向き合い方について，最終的な自分の判断をまとめ，学習を通して考えたことやわかったことが見られる授業となっていたかを評価します。その後，内容を学級全体で共有していくことが望ましいと考えます。

本時の流れ

	○学習活動	●教師の手だて　◇評価　※留意点
導入	○葛藤について考える。	●葛藤の言葉の意味を確認し，これまでの経験における葛藤場面を発表させる。
	発問　これまでの経験で，葛藤した場面はありますか。	
展開	○教材を読む。	●範読後，あらすじを確認する。
	発問　サルの駆除に協力することを頼まれた松岡さんは，この後，どうしたでしょうか。	
	○ワークシートに判断と理由を考え，記入する。 ○黒板のスケールに，自分の考えと近い位置にマグネットを置く。 ○意見交流をする。	●松岡さんと自分を重ねて考えさせる。 ●黒板にマグネットを置くことで，一人ひとりの意見を可視化する。 ●班の形になり，自分の判断と理由を発表するようにする。
	発問　松岡さんは，ハナビにどのような言葉をかけたと思いますか。	
	○松岡さんが協力したことを知る。 ○自分の考えを発表する。	●ビデオが視聴できればビデオを活用する。 ●自分の感じ方を明らかにする。
	発問　サルの最期を見届けた松岡さんをどう思いますか。	
	○ワークシートに考えを記入する。	●判断することの難しさを実感し，野生動物との共同の厳しさ，課題に気づかせる。
終末	○教師の説話を聞く。 ○本時の授業で学んだことや考えたことをワークシートに記入する。	●自然破壊により餌をなくしている他の動物の問題に触れる。 ◇ワークシートへの記入を促す。

準備物

- ニホンザルの写真
- 森林の写真
- 自然破壊により，餌や住処をなくしている動物の写真
- 黒板用スケール
- ワークシート
- NHK道徳ドキュメント3　思いやりの日々（準備できれば）

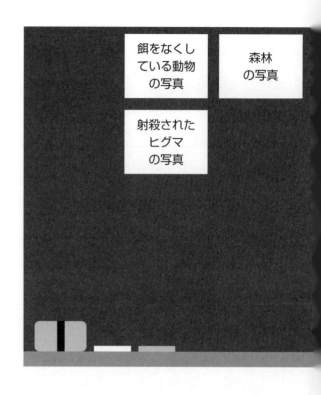

本時の実際

●導入

黒板に，「葛藤」と書きました。「意味がわかる人はいますか」と尋ねました。「心の中に，それぞれ違う方向の力があって，どうしようか迷う状態」という答えが返ってきました。

「これまでの経験で，葛藤した場面はありますか」と尋ねると，とまどっている様子でした。「難しく考えなくてもいいですよ」と伝えると「部活に行こうか，塾の宿題が終わっていないからさぼろうか」「ケンカしたときに謝ろうか，そのままにしておこうか」様々な答えが返ってきました。

「生活のいろいろな場面で葛藤はあるね。今日は，難しい事態に直面した人が何を考え，どう判断し，行動したかを考えます」と話し，教材を読み，あらすじを確認しました。

●展開

ニホンザルの写真を見ながら，「サルの駆除に協力することを頼まれた松岡さんは，この後，どうしたでしょうか」と発問し，ワークシートに記入するよう伝えました。「迷う…」というつぶやきが聞こえてきました。学級全員の意見を可視化するために黒板のスケールを使い，自分のマグネットを置くように指示しました。「協力する」は，学級の半数以上でした。

班で話合いを行うと，「見分けられるのは自分しかいないし，このままにしておくと村人にさらに被害が拡大する」「かわいそう」「けがや，作物が食べられている。村人もかわいそうなのではないか？」「サルも悪いけど，サルが盗んでしまう状況をつくったのは，人間」「動物園をつくることはできないか？」

サルも人も愛した写真家

葛藤 心の中に、それぞれ違う方向の力があって、どうしようか迷う状態。

◎松岡さんは、どうしたと思う？

[ニホンザルの写真]

【協力する】
（理由）
・見分けられるのは自分しかいない。
・このままにしておくと村人にさらに被害が拡大する。

【協力しない】
（理由）
・かわいそう。

→ 生徒個人の名前マグネット

◎松岡さんは、ハナビにどのような言葉をかけた？
・「許してくれ。他のサルを守るためには、仕方なかった」
・「ごめん。何で盗んだりしたのだよ」
・「今まで、ありがとう」
・「つらすぎて、何も言わない。言えない」

◎サルの最期を見届けた松岡さんをどう思う？
・サルを守れなかった自分が悲しかった。
・つらかったし、葛藤したと思う。正しい間違いはない。

など、話し合うことで自分になかった考えに気づいていきました。

各班の考えを共有した後、松岡さんがとった行動を伝えました。驚きの表情が浮かんだ生徒が多かったです。

松岡さんは、ハナビにどのような言葉をかけたと思うかとの発問には、「許してくれ。他のサルを守るためには、仕方なかった」「ごめん。何で盗んだりしたのだよ」「今まで、ありがとう」「つらすぎて、何も言わない。言えない」といった意見が出ました。

サルの最期を見届けた松岡さんをどう思うかとの発問には、「サルを守れなかった自分が悲しかったと思う」「つらかったし、葛藤したと思う。正しい間違いはない」など、松岡さんの心情に触れ、判断することの難しさについて記入していました。

● 終末

終末に、美しい森林の写真を見せました。次に、自然破壊により、餌や住処をなくしている動物の写真。人間の餌やりにより、餌を求めて民家に入り、射殺されたヒグマの写真を見せました。本時の学習で学んだことの中で、自然との共存について記入した生徒が多くいました。一人の生徒は、「かわいいと餌をやりたい気持ちもわかります。でも、人間が軽い気持ちで行った一つの行為が、動物の命を奪うこともあると気づきました。現在の様々な自然による被害も、森林を伐採するなどの人間が起こしてきた結果だと思います。これからの私たちがどのように自然と向かい合っていくべきかを考えなくてはいけないと思います」と記入していました。学級で共有しました。

（久保田）

▶ 内容項目：D−(21)感動，畏敬の念

ほっちゃれ
自然の摂理の厳しさを見つめよう

掲載教科書：東書　学図　教出　光村　日文　学研　あかつき　日科

ねらい

自然の神秘に感動し，人間の力を超えたものへの畏敬の念を深めようとする心情を育てる。

教材のあらすじと活用ポイント

　鮭は河から稚魚で旅立ち，また必ず生まれた河に帰り，自らの体をぼろぼろにしながら産卵を終えると，静かに死を迎えます。精根尽き果て死を待つ鮭を「ほっちゃれ」と呼び，その生涯は力強く感動的ですが，哀しくもあります。雪の谷深く「ほっちゃれ」を見つけ，最期の姿を見届けた著者の眼差しが心に深く残る教材です。

　「ほっちゃれ」に向ける著者の眼差しと思いを通して，自然の摂理の厳しさや気高さを感じ取る気持ちを養います。

「特別の教科　道徳」の授業づくりのポイント

　本教材は，美しい文章が続きますが，学級全員の生徒がこの文章を理解できるかというと，難しい面もあります。そこで，授業では板書などの工夫により，死を待つ鮭を「ほっちゃれ」と呼ぶまでの過程を，写真と文章をもとに視覚から理解させていくことが必要となってきます。しんとした深い雪の中で一人「ほっちゃれ」を手に取った著者の気持ち，最期にどのような言葉を「ほっちゃれ」にかけたかを，目を閉じて想像させます。話合いを通して考えていくことで，自然の営みの中で存在する自分を考えていきます。

評価のポイント

　記入したワークシートをもとに，次の生命をつなぎ，精根尽き果て，生命の果てるのを待つ鮭を手に取る男の思いを捉えようとしている様子などが見られる授業となっていたかを評価します。その後，内容を学級全体で共有していくことが望ましいと考えます。

本時の流れ

	○学習活動	●教師の手だて　◇評価　※留意点
導入	○鮭の写真を提示する。	●補足説明を入れながら，何枚かの写真を提示する。
	発問　鮭について知っていることはありますか。	
展開	○教材を読む。 ○教材と写真をもとに鮭の最期，「ほっちゃれ」の状態を確認する。	●範読をする。 ●稚魚の写真，銀色に輝く鮭の写真と，傷だらけになった鮭の写真を比較しながら教材を確認していく。
	発問　「結末があまりにもいじらしく，正視できないほどだ」とは，どのような気持ちでしょう。	
	○鮭の最期について考え，ワークシートに記入する。	●写真と教材をもとに鮭の最後について考え，自然の摂理の厳しさを直視させる。
	発問　「ほっちゃれ」を手に取った男性は，「ほっちゃれ」に何と声をかけたと思いますか。	
	○目を閉じ，深い雪の中で一人「ほっちゃれ」を手に取った男性の気持ちを想像し，ワークシートに言葉と，その言葉を言った理由を記入する。 ○班で意見交流をする。	●無言の状態で，目を閉じ，「ほっちゃれ」を手に取る情景を想起させる。 ●ワークシートに記入後，どうしてそう考えたのかを意見交流する。また，必要に応じて演じる。
終末	発問　自然に感動した体験，人間の力を超えたものを感じたことについて考えてみましょう。	
	○教師の説話を聞く。 ○自分自身のことについて考え，ワークシートに記入する。 ○本時の授業で学んだことや考えたことをワークシートに記入する。	●教師の自然に感動した体験を写真を掲示し，説話する。 ●自己と自然へのかかわりについて考えさせる。 ◇ワークシートへの記入を促す。

準備物

- 鮭の一生の写真（受精後30日目，稚魚，成魚）
- 「ほっちゃれ」になるまでの変化（拡大コピーまたは大型テレビなどで作品を映す）
- 自然に感動した写真
- ワークシート

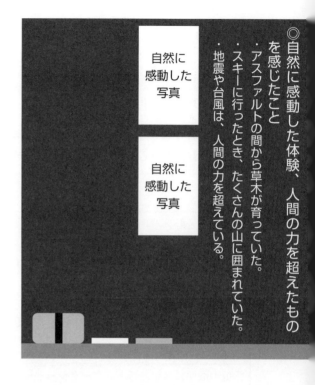

◎自然に感動した体験，人間の力を超えたものを感じたこと
・アスファルトの間から草木が育っていた。
・スキーに行ったとき，たくさんの山に囲まれていた。
・地震や台風は，人間の力を超えている。

本時の実際

💠導入

「鮭について知っていることはありますか」と尋ねました。「おにぎり」という答えがまず返ってきました。「その他には？」「フライ」「塩焼き」「ムニエル」食材としてのイメージが強い様子でした。

「鮭の産卵について知っていることはありますか」と尋ねると，「生まれた河に必ず戻ってきて産卵する」「帰ってくるまでに何千キロも旅をする」「産卵したら死んでしまう」と数名が答えました。小学校の国語の教材で扱われており，印象に残っている生徒がいることがわかりました。

ここでは，受精後の写真，産卵前の鱗の光っている鮭の写真を黒板に掲示し，動機づけとしました。

💠展開

「今日は，鮭の一生の話です」と伝え，教材を読みました。文章の内容を理解できていない生徒もいたので，鮭の一生について写真を使って確認しました。導入で掲示した受精後の写真，次いで稚魚の写真を掲示し，4年間海の旅に出ること，そしてもとの河へ戻ることを確認しました。

河口での出会いでは，鱗の光る鮭の写真，遡上していくうちに変色していく鮭の写真，産卵を終え，死を待つ「ほっちゃれ」の写真を掲示しました。その後，「この教材の中に『結末があまりにもいじらしく，正視できないほどだ』と書かれているけれど，どのような気持ちでしょう」と尋ねると，「死を待つことを見ているつらさ」「自然のことで仕方ないけれど，かわいそうという気持ち」とい

ほっちゃれ

生まれた河	受精後30日目の写真
生まれた河	四年間の海の旅
	稚魚の写真
河口の鮭の写真	皮膚が変色した鮭の写真

妻と夫が相伴う　山川の石多き急流を上る

さらに皮膚が変色した鮭の写真	ほっちゃれの写真

受精が終わる　死を待つ

◎「結末があまりにもいじらしく、正視できないほどだ」とは、どのような気持ちだろう？
・死を待つことを見ているつらさ。
・自然のことで仕方ないけれど、かわいそう。

◎男性が最期に「ほっちゃれ」にかけた言葉と理由
・「よく、がんばったね」
　自分の使命を果たした鮭をほめてあげたい。
・「何も言えない」
　自分なんかが何か言ったらいけないような気がする。

った意見が出ました。
　次に全員の目を閉じさせ，語りかけました。「あなたは，深い雪の中で一人です。しんとした中で，がさっという音がしました。体じゅう腐った『ほっちゃれ』がいました…」「ほっちゃれ」を手に取った男性の気持ちを想像させるためです。体中腐った「ほっちゃれ」を男性が手に取る場面を話し，この後，男性が最期に「ほっちゃれ」にかけた言葉と，その言葉の理由をワークシートに記入させました。班で意見交流をすると，「『よくがんばったね』と声をかけます。理由は，自分の使命を果たした鮭をほめてあげたいからです」「何も言えない。理由は，自分なんかが何か言ったらいけないような気がします」自然の摂理の厳しさを感じた意見が出ました。

❤終末

　終末に，自然に感動した体験，人間の力を超えたものを感じたことについて考えました。生徒からは，「アスファルトの間から草木が育っていた」「スキーに行ったとき，たくさんの山に囲まれていた」「地震や台風は，人間の力を超えている」という意見が出ました。自然に触れる機会の少ない生徒も多く，考えが浮かばない生徒もいたので，教師の体験を写真を見せながら，話しました。
　本時の学習で学んだことの中で，大自然への感謝と現在の様々な自然による被害の両面に触れ，その中で，どのようにしていくべきかを書いた生徒もいました。学級で共有した際に，「大自然の写真を飾ろう」という意見が出ました。学級で写真を選び，掲示しました。

（久保田）

▶ 内容項目：D−(22)よりよく生きる喜び

二人の弟子
自分と向き合って，人生を生きる楽しみ

掲載教科書：東書／学図／教出／光村／日文／学研／あかつき／日科

ねらい

智行の生き方から，自分のもつ弱さや強さを感じることを通して，人間として生きることの気高さを感じ，誇りある生き方を実現する道徳的判断力を育てる。

教材のあらすじと活用ポイント

　仏門で修行する二人の僧の対照的な生き方が描かれています。白ユリの純白の輝きに圧倒される智行に自我関与させ，自分の弱さ・汚さを克服し，誇りある生き方を願う生き方を考えます。一方，フキノトウのような強さについて幸せそうに話す道信の世界観が詳しく描かれ，その道信の非業を許す上人の言葉が，「人は皆自分自身と向き合って生きていかねばならない」です。この言葉の意味を解せない智行は，白ユリに圧倒され，とめどない涙を流します。

　授業では，智行に自我関与しつつ，そんな自分を対象化して捉えるために「涙の意味」を述べ合います。意味は４つに分けられ，全員が自分の考えの理由・根拠を自分で掘り下げ吟味しつつ語り合います。涙の意味も時間の経過とともに変わることに生徒自身が気づいていきます。

「特別の教科　道徳」の授業づくりのポイント

　上人の思いや言葉がわからないのは生徒も一緒です。読解できるようきちんと全員に説明します。その後，「涙の意味」を問います。（上人に理解されない）悲しい涙・（自分が情けなく）悔し涙・（上人の思い・自分の変化に）嬉し涙・（水，月，白ユリなどとの出合いに）感動の涙などです。その涙を選んだ根拠・理由を語り合う過程で，価値観を語り合います。

評価のポイント

　授業の最後に，「級友に学んだこと，級友の発言で自分の考えが変化したこと」など，自分の成長実感をみんなの前で語り合う場を設けます。協働でつくってきた対話空間の中，人としての在り方や生き方に対して一面的な捉えから多面的な視点への成長を実感できる授業であったかを評価します。

本時の流れ

	○学習活動	●教師の手だて　◇評価　※留意点
導入	○「人生を生きる中での涙」の醸し出す色の意味を考え伝え合い，人の弱さと喜びとを考える。	●「人生」と「涙」からイメージできる色を表現し，意味の深さに興味をもたせる。
	発問　人生を生きる中での「涙の意味」を考え，色で表現してみましょう。…色とその理由を聞いて，いいなと思ったものを言い合いましょう。何を感じますか。	
展開	○範読時に，3人の関係と人物像の説明も聞く。	●教材を範読しながら補足説明などをし，人物像・人間関係などをイメージしやすくする。
	○上人の言葉について，みんなで読解確認をする。	●叙述に即して全員納得の読解確認をする。
	発問　智行に優しいまなざしを向けて「人は皆自分自身と向き合って生きていかねばならないのだ」を言うときの上人の思いは。言葉の意味は。	
	・道信は自分を。智行も自分を見つめて生きよう。 ・友を受け入れ，自身の小ささと向き合って…。 ○智行の涙の意味を考える。	●わからない生徒が立ち，わかるという生徒の意見を聞き，納得できたら座る。全員座るまで意見を言い合う。
	発問1　智行は月に照らされ咲く純白のユリになぜ涙が出て止まらなくなったのですか。涙の意味は。	
	ア＝（上人に理解されない）悲しい涙，空しい涙 イ＝（自分に情けなく）悔し涙 ウ＝（上人の言葉・自分の変化に）嬉し涙 エ＝（水，月，白ユリ，上人，道信などとの出合いに）感動の涙 ○自他の理由・根拠の意見交流をする。	●まずは自分の涙の意味を率直に表現し，次に対象化・比較して，多面的・多角的に考える機会をつくる。 ●4つの種類分けの中から，自分の感覚でピタッとくる「涙の意味」を選ぶ。
	発問2　自分はこの中のどれ。理由・根拠を自・他に問いましょう。質問・意見も出してください。	
	ア＝人に理解されず，苦労が無意味に感じるから。 イ＝言葉が理解できなかった自分が情けないから。 ウ＝人の言葉がわかり今後のことが楽しみだから。 エ＝自然・人との出合いがありがたく感じるから。 質問＝ア→エと，時間の経過とともに変わるのでは？ 意見＝今，気がついた。自分もそう思う。	●「涙の意味」として，それを選んだ根拠・理由を協働作業で掘り下げて吟味していくことにより，教材世界を通り抜けてお互い価値観同士の話合いになる。
終末	○振り返りシートを記入後，意見交流する。	●振り返りシートに成長実感を記入させ，発言を促す。
	発問3　級友の意見から"学んだ"ことや，自分の考えが"変化"したことはありましたか。	
		◇級友からの自分の学びを語り合えたか。

準備物

・振り返りシート

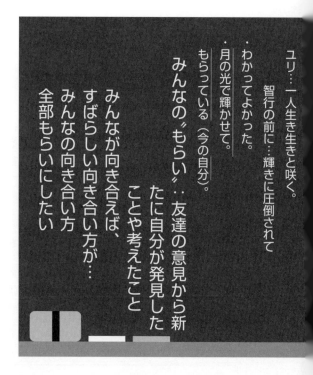

ユリ…一人生き生きと咲く。
智行の前に…輝きに圧倒されて
わかってよかった。
・月の光で輝かせて。
もらっている（今の自分）。
みんなの"もらい"…友達の意見から新たに自分が発見したことや考えたこと
みんなが向き合えば、すばらしい向き合い方が…
みんなの向き合い方全部もらいにしたい

本時の実際

●導入

「人生を生きる中での『涙の意味』を考え，色で表現してみましょう。…色とその理由を聞いて，いいなと思ったものを言い合いましょう。何を感じますか」という発問で授業に入っていきますが，D－(22)のような感性を大切にした授業をするとき，この方法が効果的な気がします。「自分は頭固いから」という生徒ほど，「みんながわかる，わかると言ってくれて，すごく嬉しかった」と言います。何でも言ってみたくなり，聞いてみたくなる空間ができました。

●展開

全員納得の読解保証をします。

教材を範読しつつ補足説明をし，人物像や人間関係などをイメージしやすくします。生徒にわかる言葉で端的に凝縮してしまいます。上人の言葉のように意味理解が難解なときは，全員で納得読解しようとします。「上人は，智行に優しいまなざしを向けてつぶやきました。『智行よ，人は皆自分自身と向き合って生きていかねばならないのだ』と…どんな思いで言ったのでしょう」と発問しますが，さらに付け加えて言います。「上人はこれ，優しいまなざしを向けてつぶやきとして言っていますね。智行とともに人生の彼方を見つつ自分のつぶやき…みたいに。上人の思い，言いたかったこと。…わかりますね」…生徒は発言しようと全員立ち，一人の意見に全員納

二人の弟子

自分と向き合って人生を生きる楽しみ

ア 悲しい涙
・上人に理解されていない。
・わかってもらえなくて悲しい。
・修行が無駄なこと?…空しい。

イ 悔し涙
・自分は何をしていたんだ。
・上人の言葉が、わからなかった。
・ユリ→きれい。生き生き。
・自分→汚い。情けない。
・道信を許せない自分。

ウ 嬉し涙
・変わり始めた自分が嬉しい。
・(上人の)言葉がわかり始めた自分が嬉しい。
・小さく汚い自分…。
・向き合いつつ、変わっていく楽しみ

エ 感動の涙
・月・水・白ユリ…巡り合わせのように。

● 終末

「成長実感の述べ合い」を終末に入れました。内容は中心発問からつながっています。生徒たちの言葉は,「上人の」「智行の」というより「人の」「自分の」が多くなってきます。教材の特殊な世界から現実の自分ごとの世界に入っています。そのもとは,左記の展開段階の②で起こり始めます。級友の理由・根拠を聴き(対話し)つつ,自分自身にも聴く(対話する)ようになっています。成長実感はみんなが言いたいようです。ともに真摯に議論し合った級友に感謝の意を表すためにも。級友から学んだ成長実感です。

「S君の言葉。『…皆が向き合えばすばらしい向き合い方がいろいろできる。皆の向き合い方,全部もらいにしたい』…S君,もらいました」終末最後の教師の言葉です。 (柴田)

得でした。

その後,中心発問に入ります。実は中心発問と言っても,1つではありません。3つで構成し,1セットとしています。
＋中心発問の準備発問【前述「智行に…」】
①自分なりの率直表現【前述「智行は…」】
・みんなで内容ごとに分けます。どの分類に入るかは自分で(自分と対話し)決めます。
②自分の意見(選んだ分類)の理由・根拠【前述「自分は…」】
③成長実感【前述「級友の…」】
＋中心発問のおまけ発問【今回ありません】

「感動の涙」の分類の生徒で「月,池の水,白ユリが巡り合わせみたいに…,そしたら智行,上人や道信や人々の顔が浮かんできて,感動的な感謝の思いが…」が出ました。

▶ 内容項目：D−(22)よりよく生きる喜び

カーテンの向こう
人間としてよりよく生きる喜びを考えよう

掲載教科書：東書　学図　教出　光村　日文　学研　あかつき　日科

ねらい
偽りだけれども，期待や夢を感じることができるような外の景色を死に際まで伝え続けたヤコブの思いを考えることを通して，人間として生きることへの誇りをもち，自らもよりよく生きようとする道徳的心情を育てる。

教材のあらすじと活用ポイント

　本教材は，人間として，最後の最後まで人間らしく生きようとする主人公であるヤコブの生き方と，その生き方に気づかず，人間の中にある弱さや醜さをにじみ出してしまう私の生き方が描かれています。ここに描かれている内容は，普段経験することのできない世界観ですが，誰しもがもつ人間の弱さや醜さが描かれています。そのため，ヤコブや私の姿に自分を重ね合わせ考えさせていくことがポイントになると言えます。

「特別の教科　道徳」の授業づくりのポイント

　本教材には，「人間としてよりよく生きるとは何か？」を考えていく様子が描かれています。「よりよく生きる」とは，心の弱さや醜さを克服する強さを養い，良心にしたがって気高く生きようとする生き方と言えます。授業の導入では，「人間らしい」とは何かを考えさせていきます。展開では，教材に描かれている「人間らしさ」と「人間の弱さや醜さ」を，ヤコブと私の姿から感じ取っていきます。展開後半では，感じ取った「人間らしさ」を自分のこととして捉えさせ，自らのよりよい生き方とは何かと自問させていきます。

評価のポイント

　記入した振り返りシートをもとに，人間としての生き方や在り方を考え，自らの生き方をよりよいものにしていこうとする様子などが見られる授業となっていたかを評価します。その後，学習内容を学級通信や掲示物などを通して共有を図っていくことが望ましいと思います。

本時の流れ

	○学習活動	●教師の手だて　◇評価　※留意点
導入	○人間らしく生きている人の姿を考える。	●学びのテーマ「人間らしい」を伝える。
	発問　人間らしく生きていると感じさせてくれる人とは，どのようにして生きている人なのだと思いますか。	
		※短時間で，リズミカルに全員発表させる。 ●適宜「どうしてそれが人間らしいと言えるのですか」と問い，「人間らしい」と思う根拠を考えさせる。
展開	○教材を読む。 ○ヤコブの生き方から感じたことを考える。	●範読前に，読みの視点として，「ヤコブの生き方」に注目することを伝える。
	発問　ヤコブは，最後の最後までどのように生きようとしたのでしょうか。	
	○意見交流をする。 ○今の自分自身の在り方を振り返る。	●以下のポイントに留意して問いかける。 ・動くことも苦しいはずなのに，どうして冷たいレンガとわかりながらも身を乗り出して外の様子を眺めたのか。 ・どうしてニコルの申し出を断ったのか。 ・私がヤコブに抱く感情とは，私だけのものなのだろうか。
	発問　窓際のベッドに移ったのが，もし，あなた自身だったなら，この後どのように生きていきますか。	
	○意見交流をする。	●以下のポイントに留意して問いかける。 ・どうしてそのような生き方をしようと思ったのか。 ・「人間らしい」生き方をするためには，どのような考え方が必要なのか。
終末	○今後の自分の在り方を考える。	●人間としてのよりよい生き方を考える一助として，「私たちの道徳」p.122掲載教材「わたし」を紹介する。
	発問　今後，絶望や辛さなどに出合ってしまったそのとき，どんな生き方をしようとする自分でありたいですか。	
	○振り返りシートに記入する。	◇教師の考えを挟まず，振り返りシートへの記入を促す。

準備物

・ICT 機器
・病室全体の挿絵
・私がカーテンの向こうを見ている挿絵
・振り返りシート

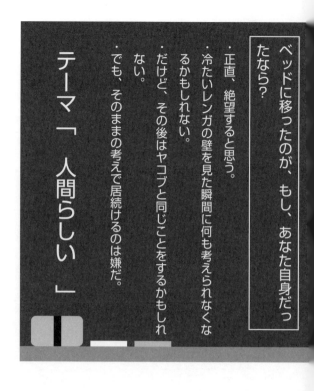

テーマ「人間らしい」

・ベッドに移ったのが、もし、あなた自身だったなら？
・正直、絶望すると思う。
・冷たいレンガの壁を見た瞬間に何も考えられなくなるかもしれない。
・だけど、その後はヤコブと同じことをするかもしれない。
・でも、そのままの考えで居続けるのは嫌だ。

本時の実際

● 導入

授業のはじめに、道徳科がどのような時間なのかを確認しました。筆者は、「人間的な魅力を探す時間」と伝えています。また、学びのテーマ「人間らしい」も伝えます。理由は、道徳の時間が教師と生徒にとってどのような時間であるのか、何を中心に学んでいくのかを明確にすることで、生徒がより一層大切な時間として捉えることができると思っているからです。その後、発問に基づき全員発表を行いました。生徒からは「元気いっぱいで、食欲の旺盛な人」「夢や希望があって、それに向かって頑張っている人」といった意見が出ました。また、「どうしてそれが人間らしいのですか」と問い返すと、「人間にしかできないことだから」といった意見が出てきました。

● 展開

教材を読んだ後、感想交換の場面を設けました。生徒からは、「ヤコブの最後まで他者のことを考えて行動する姿がすごいと思った」といったヤコブの生き方に注目した意見や、「自分も私のような考えになるかも」と「私」に自我関与する意見が出てきました。その後、発問をもとに一人学びの時間を設け、全体で意見交流を行ったところ「絶望の中にでも、期待や夢をもち続けながら生きようとした」「状況が自分と同じような人にも、少しでも希望や夢を抱いてほしいと考えた」といった意見が出ました。また、ポイントに留意して問い返しを行ったところ、「外の景色がレンガとわかっていても、それでも何か楽しく感じられるように生きることは人間にしかできない」という考えが出てきました。

道徳「人間的な魅力を探す」

人間らしく生きている人の生き方とは？

- 元気いっぱいで、食欲の旺盛な人。
- 夢や希望があって、それに向かって頑張っている人。
- 他者を大切にし、自然とともに生きている人。

```
┌─────────────────────────────────────────┐
│ 外の景色がレンガとわかっていても、それでも何か楽  │
│ しく感じられるように生きることは人間にしかできない │
└─────────────────────────────────────────┘
                    ↑
    ┌─────────┐        ┌─────────┐
    │ 私の挿絵  │        │ 病室全体の挿絵 │
    └─────────┘        └─────────┘
         ↑                   ↑
  ┌──────────────┐   ┌──────────────┐
  │ 状況が自分と同じような │   │ 絶望の中にでも、期待や │
  │ 人にも、少しでも希望や夢│   │ 夢をもち続けながら生き │
  │ を抱いてほしいと考えた │   │ ようとした       │
  └──────────────┘   └──────────────┘
```

　その後、私に自分を投影させながら、今の自分の在り方を振り返ることにつながる発問をすると、「正直、絶望すると思う。だけど、その後はヤコブと同じことをするかもしれない」「冷たいレンガの壁を見た瞬間に何も考えられなくなるかもしれない。でも、そのままの考えで居続けるのは嫌だ」といった意見が出ました。そこで、ポイントに留意して問い返したところ、テーマ「人間らしい」やヤコブの生き方をもとに、人間だからできること、人間らしく喜びある人生にしていくことを中心に、自分自身の経験や体験を踏まえ、よりよい生き方とは何かにかかわる具体的な考えが出てきました。

● 終末

　終末に、本時の学びのテーマ「人間らしい」を再確認した後、「私たちの道徳」p.122掲載教材「わたし」を紹介しました。その後、発問に基づき、本時の学びを振り返りました。生徒からは、「自分の中にある弱さを乗り越えて、期待や希望、夢をもって生きようとする自分でありたい」「絶望に耐えられるかわからないけど、それでも人間らしいと思えるような生き方のできる自分でありたい」といった意見が出てきました。

　授業後に、学級通信に生徒の振り返りを掲載すると、保護者の方から、「子どもたちが、自分の生き方や在り方を考えようとしていることにとても感動しました」という感想をいただきました。

（藤永）

▶ 内容項目：D－(22)よりよく生きる喜び

風に立つライオン
自分を奮い立たせ，気高く，
よりよく生きる喜び

掲載教科書

ねらい
アフリカで医療活動を行う主人公の，辛さを超える幸せとは何かを考えることを通して，困難があっても理想の実現を目指して自分を奮い立たせ，気高く，よりよく生きようとする道徳的実践意欲を育てる。

教材のあらすじと活用ポイント

　さだまさし氏が尊敬する柴田紘一郎医師が，アフリカで巡回医療に従事した時代の思い出をもとにつくった歌です。東京に恋人をおいて青年はアフリカに渡り，ケニアに来たことに自責の念を抱いていました。ナイロビで３年ほど医療に従事したとき，彼女から結婚を知らせる手紙が来ました。彼は驚きましたが，彼女が新しい人生を進もうとしていることに対して，幸福を心から祈り，自分の生き方に悔いがないことを綴る，その返信の手紙という設定です。

　患者への思いや望郷，アフリカの大地の雄大さや医療上の切ないいらだち，そして逆風にあっても胸を張って生きていくのだという「決心」と「志の高さ」は，柴田医師の人柄そのものを描いています。弱みを強さに変える具体的なイメージから，深く生き方を考えさせます。

「特別の教科　道徳」の授業づくりのポイント

　本教材はさだまさし氏の歌の歌詞ですが，小説，映画，この歌をもとに始められたボランティア活動など，具体的に考える資料がたくさんあるので利用します。柴田医師がさだまさし氏に送った手紙は，「アフリカでの活動が役に立てて嬉しい，この歌は架空だが本当の医師の志を歌ってくれている」という感想の後，「僕もこの歌の，あなたのライオンに近づきたい」と結んであったそうです。内なる自分に気づき，そんな意欲を育てるような授業にしたいです。

評価のポイント

　風に立つライオンとはどのような生き方なのか，自分にはどのようなことができるのかを考え，発表や意見交流しているときの様子，記入した振り返りシートなどの生徒の学習状況の評価をもとに，具体的に捉える意欲をもつための気づきがある授業であったかを評価します。

本時の流れ

	○学習活動	●教師の手だて　◇評価　※留意点
導入	○アフリカのライオンの写真を見ながら，「風に立つライオンのように生きる」とはどのような生き方か，想像してみる。	●学習のテーマは与えず，自由に想像させてみる。
	発問　風に立つライオンのように生きるとは，どんな生き方でしょうか。	
	○発表する。	◇友達の考えを理解する様子も評価する。
展開	○さだまさし氏の歌を聴いて情景を想像し，内容を把握する。 ○柴田紘一郎，JICAの活動，ナクール病院の写真などを見ながら，実話の状況を理解する。	※いろいろな年代のバージョンがあるので，教師も，心に響くものを選ぶ。 ※生徒たちの発達段階によっては，具体的な映像を含むDVDを用いて支援する。
	発問　（教材の後半の一節を示して）どんな辛さでしょうか。	
	・湿度，不衛生，物がない，虫，病気，食べ物，忙しい，睡眠不足，自分の時間がない，患者に十分なことができない，死ぬ，ののしられる，日本の親や友人や恋人に会えない。	●アフリカの地域の現状を押さえる。 ※自分の生活の困難や辛さだけでなく，アフリカの人たちや日本に残した人たちを幸せにできない辛さも出るかもしれない。
	発問　そんな辛さを超える幸せとはどのようなものでしょうか。	
	・病人や子どもたちの笑顔，感謝の言葉，仲間と力を合わせる，助けた人の成長，自然の美しさ，自分が純になっていくこと，自分がやろうと決めたことをやっている喜び，世界をよくする使命感。	※必要に応じて，幸せにかかわる教材の一節にも注目させる。 ◇友達の意見から学ぶ様子も評価する。
終末	○この歌に続く小説，映画，あるいは影響を受けた活動や人について知る。 ＊公益財団法人　風に立つライオン基金の「高校生ボランティアアワード」参加学生の活動を知る。	●映画のプロモーションビデオ（約10分）を見せ，時と空間の広がりも感じさせる。 ※年齢的に身近な高校生の活動などを紹介し，一層，自分のこととして考えさせる。
	発問　困難でも理想の生き方を実現するため，自分に手の届くことでは何ができるでしょう。	
	○内なる自分に恥じない生き方の一歩として，何ができるか，気づいたこと，考えたこと，感じていることを振り返り，振り返りシートに記入する。	◇自分の生活と結びつけ，これからの生き方を考えられたか。 ※生徒たち自身が，授業前後での学びに気づき自覚できるよう，振り返りシートは工夫する。

準備物

- ICT機器（歌のCDまたは映画のDVD）
- 掲示物（アフリカのライオンの写真，柴田紘一郎，JICA，ナクール病院の写真，国境なき医師団の写真（参考），発問の短冊）
- 振り返りシート（授業のはじめと比較して，終わりの気づきが生徒自身でメタ認知できるような書き方）
- 風に立つライオン基金「高校生ボランティアアワード」活動報告資料など

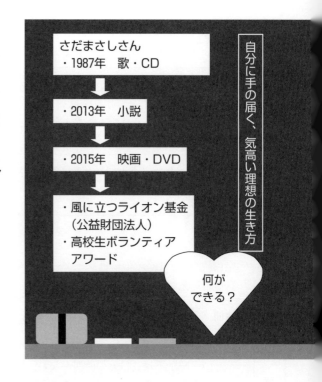

本時の実際

● 導入

授業のはじめに，アフリカのライオンの写真を貼り，「風に立つライオンのように生きる」とはどういうことかを想像して発表させます。生徒たちの発達段階に応じて，手塚治虫のジャングル大帝レオのイラストなども示すとよいかもしれません。「向かい風が強くても，正しいと思うことをやる」「くじけないで勇気を出す」「どんな困難があっても，孤独でも強く頑張って生きる」「誰かを守る」「つらくても，百獣の王のプライドをもつ」「自分に厳しく，人に優しく，気高く」などのイメージが出ました。

教師は，意図的に発問を重ねて，問い返したり，言い換えたりさせて，確認して学びを深めるとともに，他の意見への頷きも褒め，学び方と学びをその場で評価します。

● 展開

さだまさし氏の歌を聴き，教材の歌詞（歌詩）を読みます。多くの生徒には，壮大な景色が目の前に浮かんだようですが，ここでも，生徒たちの状況に応じて，アフリカの背景のある動画を用いるなど，国語力や知識の差が道徳的な心情・判断力を育てるスタートを遅らせないよう支援します。また，この歌は実話に基づいていますが，架空の部分もあり，逆に事実のすべてが表現されているわけでもありません。柴田紘一郎，JICAの活動，ナクール病院の写真などを見せながら，アフリカの現実状況を理解させます。他教科（国語，社会，英語など），他教材（貫戸朋子さんの判断や生き方）で，国境なき医師団の活動などを学んでいることもあるので，生徒たちの様子を見ながら進めます。

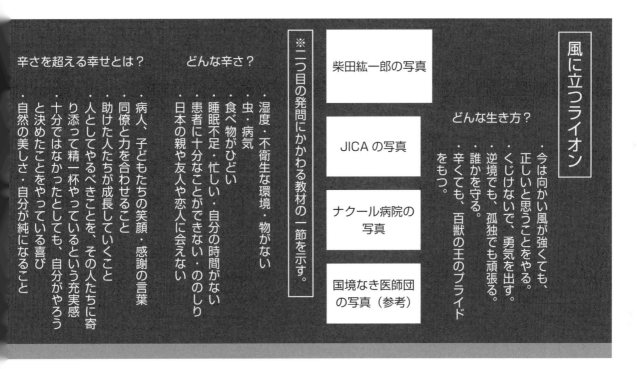

発問「どんな辛さでしょうか」では，辛さを具体的に想像させます。自分自身の日常の生活の困難から始まり，ケニアの子どもたちの命を思うように助けられない場合のイメージも出てきました。では，その辛さを超える幸せとはどういうものなのか，ここをしっかり考えることが，後の「人間としての生き方」への気づきを深め，「自分自身の意欲」につながります。「助けた人・子どもたちの笑顔」「感謝の言葉」「自分が辛いときに目にするアフリカの自然の美しさ」「動物の様子」「人が人として生きているという実感」「やっていることは間違っていないという誇り」「自分が純になっていく喜び」などが出ました。ここでも，友達の意見に共感したり，問い返したり，比較して触れる様子が見られたら，褒め言葉で評価しましょう。

● 終末

この楽曲は，1987年にさだまさし氏によってつくられ，海外で日本を背負って活動する人の心を支えました。25年ほど経った2013年，東日本大震災も含めた小説が，望まれて本人によって書かれ，2015年に依頼者である大沢たかお氏主演の映画がつくられました。同年，いのちや平和を守る活動を支援する団体が設立され公益財団法人になりました。

主人公は立派だけど自分は医者になって海外に行くことはできないという捉え方ではなく，自分に置き換えて広い視野から風に立つライオンの生き方を考えるため，地元の高校生が車椅子の修理や川の浄化，災害時の行動に出たことを紹介します。手の届く行動の気づきが，希望と勇気をもち理想を実現するこれからの生き方の意欲をはぐくみます。(野本)

3章 中学3年 通知表の記入文例集

※3章で取り上げている各文例は，大くくりなまとまりを踏まえた評価をする中で，その具体例として「特に成長の姿が見られた授業」の様子を，生徒や保護者にわかりやすく伝えようとする内容となっています。

1学期の記入文例

Aの視点にかかわる文例

- 特に「廃品回収で学んだこと」の授業では，「ボランティアの責任者をやっているだけでも偉いと思うのに，そこでさらに責任について考えている姿に，自分が足りないことを考えさせられた」と書くなど，教材から多くの学びを受け取り，前向きに自分の考え方へ反映させようとしていました。
- 特に「廃品回収で学んだこと」の授業では，「一度引き受けた場合の責任は，途中で投げ出さず，最後までやり切ってこそ意味があるんだなと痛感した。だからこそ，受け取るものはさらに大きくなるのかなとも思った」と書くなど，課題に正面から立ち向かう意識をもって，前向きに授業へ取り組みました。

- 特に「ぼくにもこんな『よいところ』がある」の授業では，「真面目である人が苦しむなんて，周りがおかしいと思っていたけど，僕自身が周りを拒絶しているんだと気づかされた。みんな不完全なのに」と書くなど，周囲への視点の変化を実感し，学びをしっかり前に進めることができていました。
- 特に「ぼくにもこんな『よいところ』がある」の授業では，「自分はいろいろ適当にやってしまうことが多い。けれど，その陰できちんとやってくれる人がいて，そのことで悩んだりしているなんて考えてもみなかった。いろんな人の考えが知れてよかった」と書くなど，多様な考えに触れる機会を活用していました。

- 特に「片足のアルペンスキーヤー・三澤拓」の授業では，「もし自分が三澤さんと同じ境遇になったとしたら，これほど強く生きていけるのか，考え込んでしまいました。前に進むしかない，と思える強さをもちたいです」と書くなど，課題を前にしてしっかり向き合い，自分を向上していく意欲をもてていました。

- 特に「今，伝えたいこと」の授業では，「友達が不登校になったとき，話を聞いてあげたらよかったのに，気兼ねした自分がいた。あのとき，声をかければよかったって，この人の話を読んで思った。あんな思いはもうしたくない」と書くなど，自己の失敗した経験と教材を結びつけ，どう進むべきなのかを真剣に考えていました。

1学期の記入文例

Bの視点にかかわる文例

- 特に「背番号10」の授業では,「自分もキャプテンをやっていて,なかなかみんなをまとめることができないけれど,先頭に立って頑張ることできっと見てくれている人は見ているんだと思えて頑張る元気が出てきた」と書くなど,普段の生活での課題解決に,授業で学んだことを応用し,向上することができていました。
- 特に「背番号10」の授業では,「もし,故障したときに私はきっと部活を続けることができないと思います。できないことも悔しいだろうし。それでも続けることで何か,得ることがあるのだとしたら,それを知ってみたい気もしました」と書くなど,新たに客観的な視点を習得する意欲をもてていました。

- 特に「一枚のはがき」の授業では,「お礼状を書かないことでこんな恥ずかしい思いをするのなら,かかわらない方がよかったのにと最初は思ったけれど,そんな助け合わない世の中っていいと思えないことに気づいた。お礼を言い合える世の中が大事だと思った」と書くなど,多様な視点で世界を捉え,肯定することができました。

- 特に「ゴリラのまねをした彼女を好きになった」の授業では,「誰かを好きになるって,なんか周りの人の意見とか気になったりする自分がいたけれど,自分が大事と思う視点で好きになることが一番大事なんだって気づいた」と書くなど,自分の価値観をしっかりつくり上げ,判断する大事さを身につけていました。

- 特に「まるごと好きです」の授業では,「友達がその友達のはずの人の悪口を言っていて,なぜそれを聞いてモヤモヤしたのかがわかりました。みんないいところとできないところがあって,でもそのできないところが誰かにとって救いになることもあるからです」と書くなど,日常生活からも,深めるべき価値の捉え直しができていました。
- 特に「まるごと好きです」の授業では,「これからたくさんの人に出会うがいやなところばかり見るのではなく,いいところをたくさん見つけて,その人まるごと好きになろうと思った」と書くなど,たくさんの人の意見から知れることに気づき,広い視野や友人の視点から多面的・多角的に捉えようとしていました。

1学期の記入文例

Cの視点にかかわる文例

- 特に「二通の手紙」の授業では、「どうしても元さんへの処分はおかしいと思っていたけど、先生の『もし事故が起こっていたら』という一言ではっとした。本当に規則っていうものを真剣に考えられた気がします」と書くなど、教材の示す新たな視点に気づき、道徳の授業から様々な学びを得られていました。
- 特に「二通の手紙」の授業では、「規則は私たちを縛るものではなくて、守るものなんだって初めて気づいた。いろんなことの意味をもう一度捉え直してみたい」と書くなど、今までの考えにとらわれず、新たな価値観や学びを吸収するといった、柔軟な意識で授業に取り組むことができました。

- 特に「卒業文集最後の二行」の授業では、「いじめと自分は常に遠い距離ではなく、すぐそばにあるものだと知れた。自分が意識しなくても加害者になっていることもあるから、これから気をつけたい」と書くなど、人間の意志の弱さと向き合ったうえで、よりよく生きたいと意識をもてていました。
- 特に「卒業文集最後の二行」の授業では、「深い悪気もなく、人はなんて残酷なことができるのだろうと思った。『人は人と人の間に生きることを知って人間となる』という先生の言葉も心に響いた。自分はまだ人間になれていないと感じた」と書くなど、自らの行動をきちんと検証し、改善していこうという意欲をもてていました。

- 特に「あるレジ打ちの女性」の授業では、「働くということは、自分を認めてもらえる場所に巡り合うことなんだって思えた。また、『傍（はた）』を『楽（らく）』にするから、『働く』って考えを先生から教わって、素敵だなって思いました」と書くなど、授業に意欲的に臨み、深い学びを積み重ねていました。

- 特に「島唄の心を伝えたい」の授業では、「実際に島唄を聴かせてもらって、とても心にしみこむいい歌だって思いました。それは歌っている人が、実際に故郷のことを思いながら、訴えるように言葉を伝えてくれているからだと思いました」と書くなど、美しいものを感じ取る心の豊かさを深めていました。

1学期の記入文例

Dの視点にかかわる文例

- ●特に「くちびるに歌をもて」の授業では，「生命の危機に陥ったときに，どれだけ希望をもって『生きよう』って頑張れるかなと思った。生きる気力をもつためには夢が大事だし，毎日をどんな意識で生きているかってことが関係するんだと思った」と書くなど，日常での積み重ねが大事なことを実感していました。
- ●特に「くちびるに歌をもて」の授業では，「命って一人ではなかなか大事にできないんだろうと思う。助け合って，自分が誰かの力になれたときに生きる力が出るんだなと思った」と書くなど，他者とのつながりの中で自分がいることを実感し，授業で学んだことをもう一度捉え直していました。

- ●特に「サルも人も愛した写真家」の授業では，「サルと人の間にはさまれて，どちらを選べばいいのか，本当に悩みました。ただ命や自然が大切だというのではなく，人の生活も大事にしたうえで考えるのが難しいなと思いました」と書くなど，相反する2つの視点を踏まえたうえで考えることができていました。
- ●特に「サルも人も愛した写真家」の授業では，「自然を大切に，とは言いながら，人間の生活が危なくなると単純な話ではなくなるし，でも現実にはそんなことの方が多いんだと思うと，普段からしっかり考えておくことが大切なんだと思った」と書くなど，日常の中でも大切な価値観について考え続けていました。

- ●特に「二人の弟子」の授業では，「智行は道信の心の弱さを許せなかったけれど，その許せない心こそが弱さなんだと思った。それを白ユリに教えられたように感じて泣いたんだと思う」と書くなど，自分に不足していることを様々な示唆から学ぶ姿勢を教材から学び取っていました。
- ●特に「二人の弟子」の授業では，「なぜ上人が道信を許すのか，私も納得がいかなかった。でも，そこで自分を見つめ直すことができた智行は，やっぱり偉いと思うし，もう一度考えてみようという気になった」と書くなど，自分の考えと違う意見にも耳を傾け，しっかり考えを深めようとできていました。

2学期の記入文例

Aの視点にかかわる文例

●特に「ある日の午後から」の授業では，「この場合はどうなんだろう，いじめなのかなって考えるけど，なかなか答えはわからないし，正解って教えてもらえるわけじゃない。だから，しっかり考えるクセをつけようと思う」と書くなど，授業の中で考えたことを深める思考ができていました。

●特に「ある日の午後から」の授業では，「SNSってコミュニケーションというより，不完全な気持ちの一方的な送り合いという気がする。誰かの悪口を書き込んだら，それはどんどん浸透していくし，取り返しがつかなくなっていくのが怖いなと思った」と書くなど，自分たちの生活に基づいた課題にしっかり向き合っていました。

●特に「独りを慎む」の授業では，「他人の目がなくなると，どうしても気が緩むし，これぐらいいいやと際限なく堕落してしまうから，そういう環境自体にも意識しないといけないなと思いました」と書くなど，自らの弱さと向き合い，改善していく意識をもつことができていました。

●特に「独りを慎む」の授業では，「ここに書かれていたことは自分が一人のときにもまあいいかとしてしまうことばかりだったのと，転がる石は自分では止められないほどの勢いがついてしまうということが心に残りました。しっかり覚えておこうと思います」と書くなど，教材からの教訓をしっかり胸に刻みつけ，学んでいました。

●特に「銀メダルから得たもの」の授業では，「『よく負けたら意味がない』とかいう言葉を聞くけれど，負けた試合からこそ学ぶものが多いことを吉田選手の教訓から学ぶことができました」と書くなど，新たな視点から学んだことを日常生活に活かし，そこから役立つ教訓を次につなげていました。

●特に「銀メダルから得たもの」の授業では，「ずっと勝ち続けていた人が，負けたときにもうやめてしまうことが多いけれど，そこから次につなげる心の強さがすごいと思いました。自分は負けたらすぐに投げ出していたのを恥ずかしく感じました」と書くなど，自分の弱さと向き合い，次なる課題を考えられていました。

2学期の記入文例

Bの視点にかかわる文例

- 特に「言葉おしみ」の授業では,「『言葉おしみ』という言葉にハッとしました。ほんのちょっとしたことをじゃまくさがって惜しむなんて,本当に心の狭いことだと思います。何も損することではないはずなのに,そんな言葉かけのできない社会にはなってほしくないです」と書くなど,社会の在り方まで意識をできていました。
- 特に「言葉おしみ」の授業では,「一言かける言葉で温かい雰囲気が流れることから,言葉かけは思いやりをかけ合うこと,礼儀は心配りなんだと思いました。自分も今日から一言言えるようになりたいです」と書くなど,授業で提示された課題に対して,前向きにどう行動していくかのイメージを描けていました。

- 特に「違うんだよ,健司」の授業では,「友達が何か悩んでいる様子でもそんな簡単に聞くなんてできないと思っていた。でも,自分は,というと聞いてもらえればうれしいこともあるし,遠慮して聞かないだけではだめだなと思いました」と書くなど,今の自分の考え方に新たな視点を加えて考え直すことができていました。
- 特に「違うんだよ,健司」の授業では,「なるだけ相手のことに踏み込まない,自分も踏み込ませないというのが今の友達同士との距離感なのかなと思う。でも,それが正しいかというと,やっぱり寂しいから,本当にそれでいいのかを考えてみたい」と書くなど,積極的に今の考えで直すことはないかを考えられていました。

- 特に「恩讐の彼方に」の授業では,「人が人を許すということはなかなか難しいことだと思うけれど,許さずに恨み続けるのは,本当は苦しみ続けることになるんだとわかった。親を殺された恨みはすごく大きいけれど,償う姿があれば,許すべきなんだと思う」と書くなど,難しい課題であることを感じながら,それを理解しようとできていました。
- 特に「恩讐の彼方に」の授業では,「了海の姿に罪を償おうとする気持ちが見えたから,実之助も復讐をする気持ちがなくなったんだと思う。過ちは償うチャンスを与えられるべきだと思うし,そうすることでみんなが幸せになれるのかなと思った」と書くなど,他人に対して寛容の気持ちをもつことの大切さを学んでいました。

2学期の記入文例

Cの視点にかかわる文例

- 特に「伝えたいことがある」の授業では、「今でも何か大きな災害や事件があるといわれのない差別や偏見が生まれている。それでも声を上げるのはとても勇気が必要なことだと思うから、せめてそんな偏見や差別を、自分が大きくするようなことはしないようにしたい」と書くなど、難しい課題でも取り組んでいました。
- 特に「伝えたいことがある」の授業では、「大石さんが差別に負けず、立ち向かうことで悪魔のかげを消すことができたように、社会も間違った行動に立ち向かうことができたら、差別や偏見をなくしていけるのではないかと思いました」と書くなど、巨大な課題にもひるまず、解決していこうと考えられていました。

- 特に「鳩が飛び立つ日～石井筆子～」の授業では、「障害をもつ人々も学ぶ権利や楽しさは奪われてはいけないし、大切にされるべき命だと思う。石井さんが多くの逆風や災難にも負けず、人を大切にすることを徹底した姿がすばらしかった」と書くなど、弱い立場の人にも心を砕き、共生の社会を考えていました。

- 特に「一冊のノート」の授業では、「年老いていくのは逃れられないことだし、誰かがいきなりボケてしまうこともあり得る。家族の誰かがその日を迎える覚悟を自分はできているのかなと思った」と書くなど、教材から身の回りの課題を見つけ、真剣に向き合うことができていました。
- 特に「一冊のノート」の授業では、「自分がここにいるのは家族がいたからだけど、そのことへの感謝ってちゃんとできているのかなと反省しました。いつも自分のことを考えてくれている家族にありがとうって思います」と書くなど、教材から学んだ視点を生かし、道徳的価値観を捉え直していました。

- 特に「父は能楽師」の授業では、「今、日本の文化を紹介する番組や伝統芸能に触れ合う機会が多くなってきている。外国の人もすごく興味をもっている日本というものを自分もしっかり教えられるようになりたいし、自慢できる国になってほしいと思います」と書くなど、教材からの学びを前に進めていました。

2学期の記入文例

Dの視点にかかわる文例

- 特に「ドナー」の授業では、「一つの選択や判断で救える命もあるけれど、苦しい決断も必要だとわかった。臓器提供によって誰かの命が救えるなら、自分としては提供してもいいのかなと考えた」と書くなど、道徳的価値の様々な面を感じ、教材から読み取ったことを、自分自身に置き換えて理解しようとしていました。
- 特に「ドナー」の授業では、「内臓を移植することとか考えたことなかったけど、親がドナーカードに書いていたらとか考えたこと自体初めてだった。新しい考えが生まれた。さらに自分のドナーカードに何をどう書くのかという思いも生まれた」と書くなど、一つのことでも様々な立場や考えがあることに触れることができました。

- 特に「ほっちゃれ」の授業では、「いつもしてもらっているのに文句ばっかり母親に言っている自分。なのに、なんで怒らないんだろうと思っていたけど、命をつないでいくために身を投げ出して死んでいく親サケの姿から、なんかわかる気がしました」と書くなど、人知を超えた価値観に触れ、謙虚に学んでいました。
- 特に「ほっちゃれ」の授業では、「子供を産むということは、そこまで大きなことなんだと改めて思いました。自分の命を投げ捨てて、戦って、産んだ後はボロボロになって死んでいく。受け継いだ命をまたその子どものためにわたすことを忘れないようにしたいです」と書くなど、学びから、生き方への考えを深めていました。

- 特に「カーテンの向こう」の授業では、様々な人の心に触れた機会を生かして、よりよく生きたいと憧れをもてました。そのことは、「みんなを喜ばせるために自分を犠牲にして面白い話をしたヤコブのように、相手を楽しませられるような生き方をしたい」と書かれた振り返りからもよく伝わりました。
- 特に「カーテンの向こう」の授業では、教材から学んだことを自己と結びつけ、よりよく生きたいと強く感じました。そのことは、「ヤコブはレンガの壁なのに嘘をついて、よい景色だとみんなに伝え続けたからすごい。自分もこんな、優しい人間になりたいと思った」と書かれた振り返りからもよく伝わりました。

3学期の記入文例

Aの視点にかかわる文例

- ●特に「ジョイス」の授業では，「ジョイスは，誤審をしてしまってみんなから非難を受けたけれど，次の日に堂々と審判をしていた。自分の誤審をすごく反省していないとできないことで，僕はそれがすごく大切なことだと感じた」と書くなど，道徳的価値について触れ，自己の行動を考えるきっかけを得ていました。
- ●特に「ジョイス」の授業では，今までの考えや見方から視野が広がり，物事を様々な視点から考えられていました。「自分のことをたくさん考えて物事を言うんじゃなく，周りのことを考え物事を言ったり，言わないということも大切だと思った」と書くなど，道徳的な出来事への感動を通し，よりよい生き方を考えられました。

- ●特に「スマホに夢中！」の授業では，「自分たちの使い方を話し合ったとき，教材に書かれているような例を思った以上にしていることに気がついた。だめとわかっているはずなのに，ついついしてしまっている自分たちに怖いなと思った」と書くなど，議論の中で自分を客観視し，改善していく意欲をもてていました。
- ●特に「スマホに夢中！」の授業では，「母親とのスマホの使い方の約束を破っている部分で，みんなも同じような経験があったので，なぜなのかを議論しました。約束をいい加減にしてしまうほどスマホは手放せなくなったりするから，甘い考えに流れないようにしたいと思った」と書くなど，自制の大切さを実感していました。

- ●特に「湖の伝説」の授業では，「節子さんが命の尽きるまで描こうとしたものは何だったんだろう。家族とか，自分の思いとか，ひょっとしたら命そのものだったのかもしれない。そう思うと，芸術って世界を描くことなんだなって思えてきました」と書くなど，教材を通して，世界の真理を探究していました。
- ●特に「湖の伝説」の授業では，「失ったものがあっても，そこから何をつかみ取るかで命を輝かせることができるかどうかが決まるのかなと思いました。節子さんの作品に込められた情熱が観る人の心を打つのはそれが理由なのだと思います」と書くなど，物事の深いところまで思考し，真実に振り返り辿り着こうとしていました。

3学期の記入文例

Bの視点にかかわる文例

●特に「月明かりで見送った夜汽車」の授業では,「こういう気遣いができる人は本当に優しい人なんだと思いました。思いやりは相手の立場に立って考えられることなんだと改めて感じることができました。そういう人に私もなりたいです」と書くなど,他者の立場に立って考えることができ,視野を広げていました。

●特に「月明かりで見送った夜汽車」の授業では,「誰かに何かをするときにさりげなくするって本当に難しい。でもそれができたら相手も自分も本当にうれしいだろうなと感じました」と書くなど,自分の中のこれからの課題と向かい合い,もっと向上していこうという意欲をもてていました。

●特に「合格通知」の授業では,「みんなとの議論を聞いて,自分もこんなところはできてないなって思うところがいっぱいあった。きっと自分一人では気づかなかったことだから,SNSの使い方など,本当に気をつけなければいけないなと思った」と書くなど,議論に耳を傾ける大切さなどを考えることができていました。

●特に「合格通知」の授業では,「普段思っていたけどなかなか話す機会がなかったことを議論できて楽しかった。SNSで自分もいやな思いをしたことがあったので,この機会にみんなが考えて使うようになったらいいなと思います」と書くなど,議論を通して向上することができていました。

●特に「鏡の中のわたし」の授業では,「もし,友達との関係が悪くなったとき,自分はどうすべきかがこの授業を受けてわかった。自分の言いたいこと,思いはLINEではなく直接言った方がいいと思った」と書くなど,教材から読み取ったことを,自分自身に置き換えて理解しようとしていました。

●特に「『関係ない』という言葉」の授業では,「この頃特に『みんなには関係ない』と思ってしまうことが多かったから,余計に反省しました。自分が何かをする場合に関係ない人なんて絶対いないし,そんなことに気づけない人にはなりたくないと改めて思いました」と書くなど,自己の学びにつなげていました。

3学期の記入文例

Cの視点にかかわる文例

- 特に「闇の中の炎」の授業では、「ルールを守るというのは法律や規則を守るというだけではなく、自分の中のルールを守るという面もあるんだと初めて気がついた。『自分がだめと思ったらだめなんだ』という言葉はとても心に響きました」と書くなど、しっかり自己とつなげ、律する意識をもてていました。
- 特に「闇の中の炎」の授業では、「いつもだめなことの線引きを人任せにしているなと改めて感じました。特に芸術とか、自分が納得できないのなら、それはやめるべきだろうけど、私は同じようにできるのかな、と考えました」と書くなど、実現が難しいことを認めながら、どう向上するかを考えられていました。

- 特に「ぼくの物語 あなたの物語」の授業では、「人種や性別など、それぞれの物語は大切にするべきだし、勉強ができるできない、運動ができるできないもそれぞれ認め合い、大切にする世の中になっていけばいいなと思いました」と書くなど、人類の課題と真剣に向き合い、高い意識で授業に取り組んでいました。

- 特に「明かりの下の燭台」の授業では、「メンバーから落ちたけれど、裏方に回ってチームを支えた姿が自分とは対照的でスゴイと思った」と書かれたように、理想的な生き方に向かおうと、できていないことに向き合う勇気をもとうとしていました。教材に深く心ゆさぶられ、共感を深めるなど、学習を重ねていく中で、自分なりに考えを深めていました。
- 特に「明かりの下の燭台」の授業では、道徳で大切にしようとする価値への理解を深め、自分を見つめ直していました。「今、自分が何かをする裏には誰かがいることを知り、これからはそのことを意識して、感謝の気持ちをもって行動していきたい」と書かれたように、学んだ道徳的価値を自分の人生に生かしていこうという意欲をもてました。

- 特に「海と空―樫野の人々―」の授業では、「国と国のつき合いはそのまま人と人とのつき合い、助け合いが積み重なったものなんだと思いました。昔の日本人が行動したような思いやりをこれからもできるような私たちでいたいなと思いました」と書くなど、高い意識で自分たちが向上していこうと考えられました。

3学期の記入文例

Dの視点にかかわる文例

- 特に「命の選択」の授業では,「家族に同じことが起こったら,自分もものすごく迷うと思う。みんなで議論したけれど,なかなか結論が出なかった。でも,いつの日か起こるかもしれないからこそ,考えておかなければいけないと思った」と書くなど,議論を通して教材の示す課題に熱心に向き合っていました。
- 特に「命の選択」の授業では,「自分は延命装置をつけないと思ったけれど,本当に家族がそうなったら同じ選択ができるのかなと思った。大好きな家族が自分のためにしてくれていたことを思い出したら,たとえ本人の希望でもできないかもしれないなと思った」と書くなど,難しい課題も真剣に取り組んでいました。

- 特に「いのちということ」の授業では,「自分たちは他の命をいただいて生きているということを改めて考えました。かわいそうとか言うのは簡単だけれど,自分はちゃんとその事実から逃げずに,責任をもって命を大事にしたいと思いました」と書くなど,教材から新たな視点を学び,発展させていました。

- 特に「風に立つライオン」の授業では,「夢と現実を考えるとき,どちらを取るかは本当に難しいけれど,多くの人の笑顔が自分には大事だと思いました。みんなが幸せになる選択をしたいと思います」と書くなど,教材から自分の生活につなげて考え,理想の将来について向き合っていました。
- 特に「風に立つライオン」の授業では,「どんな選択でも,自分が自分らしく輝けるというのが一番大事なんだと思いました。人を救う自分の姿が理想であるなら,私はやっぱりアフリカに行くべきだろうと思いました」と書くなど,理想の実現において,どう考えるべきか,しっかり自分の意見を熟考できていました。

- 特に「足袋の季節」の授業では,「つらい生活の中,弱い心に負けてしまうことがあるかもしれないけれど,それが取り戻せない失敗として一生引きずることもある。でも主人公は何度もこのつらい過去を思い出して,それが正しい道を示してくれるんだと思いました」と書くなど,教材から現実での教訓を学んでいました。

(中山)

【執筆者紹介】（執筆順）

柴原　弘志	京都産業大学教授
重野　典子	新潟県立柏崎翔洋中等教育学校
鴨井　雅芳	駒澤大学講師
藤田　良子	島根県大田市立第一中学校
山田　佳子	実践女子大学特任教授
吉田　雅子	大阪教育大学附属天王寺中学校
水登　伸子	広島県広島市立広島中等教育学校
久保田美和	千葉県千葉市立真砂西小学校教頭
名和　　優	京都府亀岡市立別院中学校教頭
三浦　摩利	東京都多摩市立多摩中学校
淀澤　勝治	兵庫教育大学大学院准教授
磯部　一雄	北海道札幌市立北野台中学校
柿沼　治彦	東京都江東区立深川第三中学校
石黒真愁子	前埼玉県さいたま市立大門小学校長
藤井　裕喜	京都府京都市立下京中学校
村田寿美子	京都府城陽市立東城陽中学校
永林　基伸	帝京科学大学特命教授
野本　玲子	神戸医療福祉大学准教授
柴田八重子	愛知淑徳大学非常勤講師
藤永　啓吾	山口大学教育学部附属光中学校
中山　芳明	京都府京都市立藤森中学校

【編著者紹介】

柴原　弘志（しばはら　ひろし）

昭和30年，福岡県生まれ。京都大学教育学部卒業。
京都市立中学校教員を経て，京都市教育委員会学校指導課指導主事（主として道徳・特別活動領域担当）。
平成13年から文部科学省初等中等教育局教育課程課教科調査官。
その後，京都市立下京中学校校長，京都市教育委員会指導部長等を経て，現在，京都産業大学教授。
平成26年中央教育審議会道徳教育専門部会主査代理。
平成27年道徳教育に係る評価等の在り方に関する専門家会議副座長。

板書＆指導案でよくわかる！
中学校３年の道徳授業　35時間のすべて

2019年４月初版第１刷刊	©編著者	柴　原　弘　志
2020年４月初版第２刷刊	発行者	藤　原　光　政
	発行所	明治図書出版株式会社

http://www.meijitosho.co.jp
（企画・校正）赤木恭平
〒114-0023　東京都北区滝野川7-46-1
振替00160-5-151318　電話03(5907)6701
ご注文窓口　電話03(5907)6668

＊検印省略　　組版所　長野印刷商工株式会社

本書の無断コピーは，著作権・出版権にふれます。ご注意ください。

Printed in Japan　　ISBN978-4-18-381319-0

もれなくクーポンがもらえる！読者アンケートはこちらから→

中学校 新学習指導要領
道徳の授業づくり

柴原 弘志
荊木 聡 著

考える道徳、議論する道徳、問題解決的な学習、評価…など、様々な新しいキーワードが提示された新学習指導要領。それらをどのように授業で具現化すればよいのかを徹底解説。校内研修、研究授業から指導計画まで、あらゆる場面で活用できる1冊。

168ページ／A5判／2,000円+税／図書番号：2863

道徳科授業サポートBOOKS
道徳科 授業づくりと評価の20講義

富岡 栄 著

質の高い道徳授業を行っていくにはどうすればよいのか、計画づくりから授業づくりまでを詳細に解説。また、評価について研究を重ねてきた著者が、評価の具体的な在り方から具体的な評価文例までを記した。これから道徳を学ぶ人も、研究してきた人も必読の1冊。

152ページ／A5判／1,860円+税／図書番号：2408

明治図書　携帯・スマートフォンからは **明治図書ONLINEへ**　書籍の検索、注文ができます。▶▶▶

http://www.meijitosho.co.jp　＊併記4桁の図書番号（英数字）でHP、携帯での検索・注文が簡単に行えます。

〒114-0023　東京都北区滝野川7-46-1　ご注文窓口　TEL 03-5907-6668　FAX 050-3156-2790

＊価格は全て本体価格表示です。